JN220197

障碍のある子どもとの教育的係わり合い

一人ひとりの思いに寄り添う

小竹利夫 著

川島書店

はじめに

　私が障碍*があると言われる子どもに初めて出会ったのは，仙台市にある無認可の障碍児保育所でした。そこに通ってきていたミユキちゃん（4歳）は，色白で大きな目をしたかわいい女の子でした。出会った時，ミユキちゃんは1日の多くの時間を仰向けでぼんやりと過ごしていましたが，時々，お気に入りのガラガラを振ることもありました。ミユキちゃんは，メビウス症候群という珍しい疾患があり，顔面にマヒがみられました。また，両足に内反足という障碍があり，3歳までに足の手術を何度か受け，入退院を繰り返しました。ミユキちゃんは人や物を恐れ，周囲との関係を閉ざしてささやかな安定を保っていました。知らない人が近づいたり，大きな音がしたりすると，そっくり返って顔を真っ赤にして泣きました。当時，大学院の学生だった私は，保育所や家を毎日のように訪れて関係作りに努めましたが，ミユキちゃんはなかなか心を開いてくれませんでした。

　そのような時，人伝に聞く梅津八三先生**の実践は，子どもの行動の見方や子どもとの係わり方を大きく変えてくれました。即ち，ミユキちゃんの振舞いをじっと見ることから係わりを始めたところ，ミユキちゃんの思いが少しずつ見えてきました。ミユキちゃんの気持ちを受け止め，輔ける中で，ミユキちゃんは人に対する信頼を少しずつ育て，その信頼を支えにして自分の気持ちを次第にはっきり伝えるようになりました。ミユキちゃんの思いが見えてきて，なによりもミユキちゃんとの係わりがとても楽しいものになりました。この時のミユキちゃんとの出会いが，その後の「こどものへや」での多くの子どもたちとの教育的係わり合いの出発点だと思っています***。

　私と「こどものへや」とを結び付けてくれたのは，当時，群馬大学にいらした中野尚彦先生でした。中野先生は梅津先生の教えを直接受けられた方です。ある時，大学院に講義にみえた中野先生から，民間の母子通所施設「あらまきこどものへや」（現前橋こどものへや）の話を聞きました。「あらまきこどものへや」は，1981年に中野先生と障碍のある7人の子どものお母さん方の手によって群馬県前橋市に開設されました。その後，「あらまきこどものへや」の会員はどんどん増え続けました。1983年に，群馬県太田市のお母さん方が中心になって太田市にも「太田こどものへや」が開設されました。その翌年に「あらまきこどものへや」へ見学に訪れた私は，大勢の子どもたちが父母と一緒に通って来て，楽しそうに個別に勉強している姿に感動しました。そこは私にとっても居心地が良く，そのまま住み着いて子どもたちと係わるようになりました。

　「こどものへや」に通所する子どもたちの年齢や学籍，住所，障碍名などの制限はなにもありません。幼稚園・保育所に入った子ども，まだ入らない子どもから，特別支援学校・普通学校に在籍する児童・生徒，学齢を終えた人まで，運動や感覚に障碍のある人もない人も様々です。前橋市・太田市内だけではなく，近隣市町村から通って来る会員も多数います。「こどものへや」の中心的な活動は，子どもたちが「自分で考え，納得して行動する」

ことを目指した学習支援です。子ども・保護者・先生が三人一組で，週1回約1時間学習します。毎週ではなく，月1～2回学習する人もいます。子どもたちは障碍の有無や程度に関係なく，どの子も自分の世界を広げたがっています。「こどものへや」では，子どもたちの思いを大切にして，子どもたちに合わせて学習を援助しています。また，必要に応じて教材を作製し，家庭にも貸し出しています。子どもたちが自分で考え，納得して行動する経験をここで沢山積み，それが家庭や他の場所にも広がって，生きる輔けになることを願っています。

　「こどものへや」で子どもたちと係わり合いを続ける中で，子どもたちやそのお母さん，お父さん方から沢山のことを教わりました。折角の素晴らしい出来事や話を埋もれさせてしまうのは惜しいと考え，記録に残す作業を手掛けることにしました。この作業を始めてみると，これまで何気なく見過ごしてきた出来事や聞き流してきた話の中にも，キラキラ輝く宝物が沢山隠されていることに気がつきました。それからというもの，毎日宝探しの冒険に出掛けるようなワクワクした気分で「こどものへや」に出掛けるようになりました。

　障碍があるなしにかかわらず，子どもたちはみんな素晴らしい宝物を持っています。子どもたちはいつでも輝いていたのに，以前の私はその輝きが見えませんでした。それが，子どもたちに教わりながら，少しずつ子どもたちの輝きが見えるようになってきました。変えてくれたのは子どもたちです。

　本書は，これまで「障害児教育学研究」（日本障害児教育実践学会誌）や「研究紀要 学習の記録」（こどものへや）などに発表した原稿を基に一冊の本にまとめたものです。このたび川島書店よりあらためて出版の機会を頂き，内容を一部改めました。なお，子どもの年齢や施設名などは最初に発表した当時のままです。

* 「ショウガイ」の表記は，障碍・障害・障がいといくつかの表記が混在しています。本来の「碍」の字が当用漢字（現在の常用漢字）に含まれていないので，一般的には「害」の字が広く使われています。「碍」の字にも「害」の字にも「妨げる」という意味がありますが，「害」の字には「傷つける」「わざわい」という意味もあり，害虫・有害・災害などとあまり良い意味では使われません。そこで，市役所などの公的な機関や企業では，障がいと平仮名で表記するところが増えてきました。「碍」の字は，大きな石を前にして行く手を妨げられて困っている状態を表していると言われています（大漢語林：大修館書店）。本書では，固有名詞や引用文以外では「碍」の字を使用しています。

** 　梅津八三先生の考えの一端は，次の書籍で知ることができます。
　梅津八三（1997）『重複障害児との相互輔生 行動体制と信号系活動』，東京大学出版会.

*** 　ミユキちゃんはその後周囲に心を開き，ミユキちゃんなりの様々なコトバを作り出して気持ちを伝えるようになりました。ミユキちゃんとの20年以上にわたる係わり合いの経過は，付録として巻末に収録しました。

目　次

第1章　子どもの思いを受け止める

　子どもたちやお母さん方とのお付き合いを通して，大事なことは子どもを伸ばそうとすることではなく，子どもの思いを分かろうとすることだ，ということを学びました。子どもたちは，自分の願いや不安を汲み取ってくれる人を信頼し，その様な人に対する信頼を土台にして，自ら生活を広げていきます。

第1節　視線・表情・動きから思いを読み取る

視線から思いを読み取る①

　ミユキちゃん（5歳）は，肢体不自由があり自力移動が限られていました。また，普段は表情や発声が乏しく，思いが満たされない時には，体を反らせて大声で泣きました。

　ミユキちゃんの思いを読み取る為に，ミユキちゃんが目を向けた物を取ってあげたり，ミユキちゃんを抱き上げてその物に近づいたりしました。すると，次第にミユキちゃんは物をはっきりと見るようになり，更にその物に手を伸ばすようになりました。時には，手を伸ばしながら「ウー」と声を出すようにもなりました。

　この様に，ミユキちゃんの視線から思いを読み取るうちに，ミユキちゃんの方から目や手で伝えようとするようになってきました。思いを受け取る人がいることが，伝えようという意図を生み出すのだと思います。

視線から思いを読み取る②

　(タ)ナオヤくん（6歳）は，空を飛ぶカラスや飛行機を指差すようになりました。絵本等に対しては，言われた絵を指差すことはまだありませんが，大好きな猫やウサギの絵等を指でたたくことがあります*。ある日，私がお母さんに「レストランのメニューの写真や玩具の広告の写真等を指差したりしませんか？」と尋ねました。すると，お母さんは「欲しい物を指差すことはありません。でも，レストランでは食べたい物の蝋(ろう)の見本をじーっと見ます。また，玩具の広告の中の電車の写真等をじーっと見ます」と言われました。

　ナオヤ君が指を差さなくても，お母さんはナオヤ君の視線を見てその思いを理解することができます。

*　「指を差して名前を要求する」p.21.　参照

他人を信頼する

　ユウキ君（4歳）が初めて「こどものへや」に来た時，お母さんは「ユウキは新しい人

や場所にはなかなか慣れない」と心配されました。ユウキ君にとっては，ご両親だけが唯一信頼できる人であり，家だけが唯一安心できる場所だったようです。ユウキ君は，家では活発に活動しているのに，一歩家から外に出ると，荒れたり，萎縮したりすることが多かったようです。

「こどものへや」では，ユウキ君の信頼を得る為に，家でご両親がされる様に，ユウキ君の気持ちを細やかに受け取り，ユウキ君が行動をスムーズに展開できるように助けることにしました。その結果，ユウキ君は，人に対する信頼を広げるとともに，活発に目や手を使って物と係わるようになりました。例えば，輪や棒のスイッチを掴んで，好きなオルゴールを鳴らしたりするようになりました。

1年が経過した頃，お母さんから次の様なお便りを頂きました。「…どこへ連れていっても他人に心を閉ざし，体を触られたり，言葉をかけられたり，自分の気にさわっただけで，大声をあげ泣きじゃくっていた彼が，先生から指導を受けるようになってから，少しずつ他人に心を開けるようになりました。これも，先生を通じて『両親だけでなく他人でも大丈夫なんだ』という信頼関係を先生との間に見いだしたからだと思います。他人にも笑みを浮かべられるようになったし，少しずつ自分の欲求を相手に訴えられるようになったし，家でしか言葉を発しなかった子が，外でも『まま』『いやだー』『うまうま』と少しずつたまに言えるようになりました。……」

ユウキ君が既にご両親との間にしっかりした信頼関係を作っていたから，その後，私や他の人へも信頼を広げることができたのだと思います。なぜなら，私はただ，家でご両親がユウキ君に接しているやり方を真似しただけですから。最近では，私の言葉掛けに「うん」と返事したり，「うー，うー」と声を出して歌ったりするようになりました。

表情から思いを読み取る

ユウキ君（7歳）は，オルゴールが好きです。お母さんはオルゴールを買う時，バギーに座っているユウキ君の耳にオルゴールを当て，必ず曲を聞かせるようにしているそうです。ユウキ君は曲が気に入れば笑い，時にそのオルゴールに手を出すこともあるそうです。曲を聞いた時のユウキ君の表情で，お母さんはユウキ君の気持ちが分かるようです。ユウキ君は「小さな世界」や「星に願いを」などの曲が好きなのだそうです。

動きから思いを読み取る

カナちゃん（6歳）の保育所を訪れた時，担任の保育士さんから次の様な話を聞きました。「以前は一人遊びが多かったカナちゃんですが，最近は皆がやっている事を自分もやりたがるようになりました。例えば，皆がクレヨンで絵を書いていると，側に寄って来てぐるぐる回るので，私が『クレヨン持っておいで』と言うと，嬉しそうに持って来ます」

保育士さんは，カナちゃんの動きを見て，言葉にならないカナちゃんの気持ちが分かります。この様に，思いを細かに読み取ってくれる人が側にいたから，カナちゃんは皆の中に入っていけたのだと思います。

第2節　子どもの動きに合わせる

子どもがしていることに付き合う

　私がヨシト君（4歳）に初めて会ったのは，市の保健センターでした。そこに，ヨシト君はお母さんと一緒に発達相談に訪れました。その時，お母さんから「水たまりや側溝などに石を投げ入れるのが好きで，止めさせるのに苦労します」といった相談がありました。これに対して，私は「子どものしていることに大人がまず十分付き合ってあげると良いですよ。その後で誘うと，今度は子どもが大人に付き合ってくれますよ。ヨシト君が石を投げたら，お母さんも一緒に石を投げてみたらどうですか」といった話をしました。

　その後，ヨシト君は会員の紹介で「こどものへや」に通うようになりました。お母さんは「こどものへや」で次の様な話をして下さいました。「ヨシトが水たまりに石を投げた時，私も一緒に水たまりに石を投げてみました。すると，ヨシトは一瞬驚いた様に私の顔を見ましたが，すぐに嬉しそうにどんどん石を投げ入れました。私が『えいっ』と言って投げると，ヨシトも『えいっ』と言って投げることもありました。これまではいつも無理やり連れて帰っていたのに，この時は少し経ってから『おしまいにしよう』と誘うと，すんなり帰る気になりました。やっぱり子どもがしていることを一緒にすると良いんだなと思いました」

　いつもは制止するか見守るだけのお母さんが一緒になって石を投げてくれたので，ヨシト君とお母さんの気持ちがつながったのだと思います。だから，ヨシト君はお母さんの言葉に耳を傾け，お母さんの「えいっ」という言葉を真似したり，「おしまいにしよう」という言葉に従ったりしたのだと思います。

　お母さんがされた様に，子どもがしていることを子どものペースに合わせて一緒にやってみることで，子どもの世界に近づくことができます。子どもと呼吸をピタリと合わせることができた時，子どもと良い時間を過ごすことができます。

一緒にする

　ケンサク君（12歳）は，探求心が旺盛で，いろんな物に手を出しました。また，いろんな遊びを考え出し，一つの物でもケンサク君の手にかかると多様な玩具・教材になりました。特に，虫が大好きで，どこを探せばどんな虫がいるかとても良く知っていました。「こどものへや」に来始めた頃，ケンサク君はもっぱら一人で遊び回っていました。屋内の探索を一通り終えると，すぐに外に飛び出してハサミ虫等を探し始めました。

　そこで，私も一緒に外に出て，ケンサク君の虫取りに付き合うことにしました。例えば，私が大きな石を持ち上げると，ケンサク君はうれしそうに石の下の虫を探しました。この様な係わりを続けているうちに，これまで一人で外に飛び出していたケンサク君が，私の手を引いて外に飛び出すようになりました。そして，一緒に虫取りを楽しんだ後で，私が「そろそろ，帰ろう」と誘うと，ケンサク君は私に付き合ってすんなり部屋に戻るようになりました。

この様に，ケンサク君の虫取りに私が付き合ううちに，次第にケンサク君も私に付き合ってくれるようになりました。

見守る

エミちゃん（9歳）は，「こどものへや」に来始めた頃，自分の好きな絵を書いたり，自転車に乗ったりして大半の時間を気ままに過ごしました。私がエミちゃんの好きそうな活動に誘っても，エミちゃんは頑として応じませんでした。

それでも，私がエミちゃんの活動を見守ることは許してくれたので，少し離れて私も絵を描いたり，自転車に乗ったりして一緒に時間を過ごしました。この様な係わりを続ける中で，エミちゃんは少しずつ私を信頼してくれるようになりました。2年が経過した頃には，私の誘いに応じて勉強に取り組むことが多くなりました。

言葉（音声）を掛ける

マホちゃん（4歳）は，発語はまだありませんでした。こちらの言葉（音声）がどれだけマホちゃんに届いているかもはっきり分かりませんでした。そんなある日，お母さんが「音楽を聞くとマホがくるくる回るので，それに合わせて私が『クルクル』と言うようにしたら，私の言葉に合わせてマホがくるくる回るようになりました」と嬉しそうに話して下さいました。

お母さんがマホちゃんの振る舞いに合わせて言葉を掛けたから，言葉がマホちゃんの心に届いたのだと思います。

相手に合わせる

トモミちゃん（14歳）は，自分の思いを言葉で人に伝えることはほとんどありませんでした。ところが，ご両親がトモミちゃんの思いを徹底して受け入れてきた結果，トモミちゃんは文字や言葉（音声）で自分の思いを伝えるようになりました*。

しかし，その後，トモミちゃんは自分の思いを頑として通そうとすることが多くなり，しばしばご両親と衝突するようになりました。欲しい物があると人を押し退けて突進し，強く制止しようものならパニックを起こすようになりました。これに対して，お母さんは，毅然とした態度で臨まれたこともあったようですが，それだけでは解決しないことにすぐに気づかれたようです。むしろ，トモミちゃんの気持ちを汲み取り，本人が納得する工夫を模索し続けました。例えば，平日の買い物では，車中で，店の名前だけでなく，買いたいお菓子の名前も紙に書いてもらうようにしました（図1参照）。すると，次第に，トモミちゃんは店で突進しなくなり，ゆったりと買い物するようになりました。

しかし，その後，お菓子の他にマヨネーズや石鹸等も欲しがって再び突進するようになり，しかも，それらの品物の封を開けるようになりました。そこで，それらの品物については，家の残りが無くなったら買っても良いことにしたそうです。すると，突進する速度を緩め，封を開ける手を止めるようになってきました。お母さんは，「この頃，トモミは

自分の買い物を済ませたら，私の買い物に付き合ってくれるようになりました。最近は，一緒に買い物をしているといった感じがします」と話して下さいました。また，「お菓子を余計に買おうとすることがあっても，きつく叱らず，独り言のように『あれっ，○○はさっき買ったよね』と言うとすんなり戻すようになりました」とも報告して下さいました。

　突進も封開けも，思いを拒否される恐れから生じる行動だと思います。ですから，思いを受け入れてもらえることが分かった時，トモミちゃんは突進も封開けもしなくなりました。更に，お母さんに歩調を合わせるようになりました。トモミちゃんの思いに合わせてきたお母さんに，今度はトモミちゃんが合わせ始めました。1年が経過した頃には，土曜日だけ買い物に行き，平日はお母さんに買い物を任せるようになりました。しかも，突進や封開けは全く無くなりました。

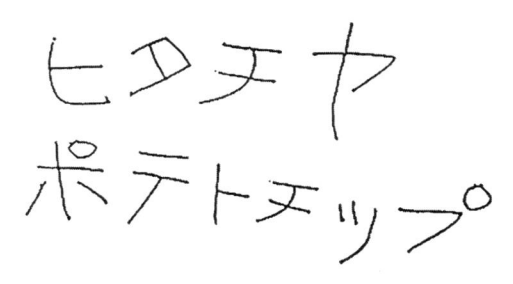

図1　店とお菓子の名前を書く

＊　「文字を書いて伝え合う」p.37. 参照

子どもに合わせる

　タクヤ君（5歳）は保育所で一人フラフラしていることが多く，他の子どもたちとの係わりは乏しいとのことでした。確かに，ビデオに写るタクヤ君は，皆の遊びには加わらず一人でフラフラしていました。しかし，よく見ると，他の子どもたちが，砂をいじっているタクヤ君の側に座り，同じ様に砂を落としたり，タクヤ君の手にかけたりしている場面がありました。タクヤ君もそんな子どもたちを受け入れて，砂を受け取ったり，手を引いて砂を要求したりしていました。タクヤ君を自分たちの遊びに引き込もうとするのではなく，タクヤ君の遊びに合わせることで，りっぱに子ども同士のやりとりが成立していました。

　私は2年前に保育所を訪問して，タクヤ君に会ったことが一度ありました。その時も，タクヤ君は一人でフラフラしていることが多く関係を持ちにくかったのですが，タクヤ君が園庭で砂をぱらぱら落としている時，私は砂を拾って差し出してみました。すると，タクヤ君はそれを受け取って，ぱらぱら落としました。このやりとりを繰り返すうちに，タクヤ君は次第に砂をもらいに寄ってくるようになり，また，私の手を引いて砂を要求するようにもなりました。この時も，私がタクヤ君の砂遊びに付き合うことで，係わりのきっかけを作ることができました。

　それにしても，誰に教えられるでもなく自然とタクヤ君がしていることに合わせたり，

手伝ったりしている子どもたちってすごいなぁと感心しました。この日，子どもたちが見せてくれた様に，タクヤ君に合わせてくれる仲間が増えれば，タクヤ君と子どもたちとの係わりはもっと活発になることと思います。

第3節　子どもの発声や動作を真似る

真似をして気持ちを知る

　県の施設支援事業でマサヒト君（4歳）が通う幼稚園を訪問しました。マサヒト君は言葉をかなり理解していますが，発語はまだわずかです。要求は，手を引いたり，身振りで伝えます。虫が大好きなマサヒト君に虫のパズルを持って行ってあげると，カブト虫やトンボの木片を気に入り，それらを持って園庭に出ました。後に付いて見ていると，マサヒト君は，カブト虫の木片をすべり台の上に這わせたり，トンボの木片を飛ぶ様に高くかかげたりしていました。朝の体操やお遊戯の練習が始まると，マサヒト君はそれらの木片を園服のポケットにしまい，誰よりも上手に体操をしたり，踊ったりしました。担任の先生の話では，昨年のマサヒト君は集団行動を取ることが苦手だったそうです。

　その日の話し合いの席上，担任の先生から次の様な話を聞きました。

　「昨年，マサヒト君は両手を合わせて突き出し（図2参照），他の子どもたちを押すことがありました。体の大きなマサヒト君に押されると，どの子も押し倒されてしまいました。その時は他の子をいじめていると思って，叱ってしまいました。今年になって，マサヒト君の発声や行動を真似てみるようにしたら，マサヒト君の気持ちが分かるようになりました。ある日，マサヒト君が両手を前に伸ばしてクワガタ虫のあごのはさみの様な形を作っていたので，私も真似をしてみました。すると，マサヒト君は私の手を取って例の両手を合わせて突き出す形に変えて，自分はクワガタ虫のあごのはさみの様な形をしてぶつかってきました。その時初めて，両手を合わせて突き出す形はカブト虫の角を表していて，マサヒト君はカブト虫になったつもりで他の子どもと遊びたかったのだ，ということに気づきました。そのことを他の子どもたちに説明すると，子どもたちも納得してくれて，それ以後マサヒト君に押されて訴えにくることは減りました」「また，今年になって，マサヒト君の『アウ』という声を私が真似してみたら，マサヒト君は嬉しそうでした。昨年，マサヒト君の『アーアー』という声を真似している子がいた時，私は『ばかにしちゃだめよ』と叱ってしまいました。子どもたちは声を真似るとマサヒト君が喜ぶことをずっと前から知っていたんですね。子どもってすごいですね」

図2　カブト虫の身振り

　身振りを自分で作り出し気持ちを伝えるマサヒト君，マサヒト君の仕草を真似て気持ちを理解しようとされている先生方，誰に教わるでもなく自然にマサヒト君の声を真似ていた子どもたち，皆すごいなと思います。この日一緒に訪問した保健師さんが，マサヒト君の園での生活を見てその成長振りに驚かれました。マサヒト君の行動とその奥にある気持ちを受け取ってくれる子どもたちや先生方がいるからこそ，マサヒト君は園での集団生活に溶け込んでいけたのだと思います。

子どもの動作を真似る

　タカコちゃん（6歳）は，紐が好きです。紐を持って「こどものへや」にやってくることもあります。ある時，タカコちゃんは，台所で30cm程の紐を見付けて，その紐を持って歩きました。そして，一人で黙々と紐を机や床に繰り返し打ち付けました。私は少し離れて別の紐を持って真似てみました。タカコちゃんが紐を床に打ち付けるのに合わせて，私も紐を机に打ち付けました。また，タカコちゃんが手を止めると，私も「ひとやすみ」と言って止めました。タカコちゃんは時折私の方を見て，笑うこともありました。そのうち，タカコちゃんは私の側に来て，私と向かい合って机に紐を打ち付け始めました。しばらくして，私が手を休めると，タカコちゃんは私の手を取って紐を持たせました。それで，引き続き，タカコちゃんの紐打ちに付き合うことにしました。

　なかなか関係を持ちにくいタカコちゃんでしたが，こちらがタカコちゃんの動きに合わせることで，信頼関係を作るきっかけができたように思います。

子どもの発声を真似る①

　ミユキちゃん（5歳）は，ぐずった時以外はほとんど声を出しませんでした。ある時，私がミユキちゃんを膝に抱っこしていたら，ミユキちゃんは首を縦に振りながら珍しく「ウガァ，ウガァ」と声を出しました。私もそれを真似て首を縦に振りながら「ウガァ，ウガァ」と声を出してみました。すると，ミユキちゃんは益々盛んにその行動を繰り返しました。続けて，ミユキちゃんは首を横に振りながら「ア，ア，ア」と声を出しました。それに対しても私が首を横に振って「ア，ア，ア」と声を出すと，ミユキちゃんは益々盛んにその行動を繰り返しました。この時から，私とミユキちゃんの間でこの様なやりとりが時折起きるようになりました。時に，それは20分近くも続き，ミユキちゃんはいろんな声を出すようになりました。

　子どもと係わりを持とうとする時，先ずこちらが子どもに合わせることが大事だと思います。そうすることで，子どもの信頼が得られます。その信頼関係を土台にして，その後の係わりが進展していくのだと思います。

子どもの発声を真似る②

　マキちゃん（4歳）は，声をよく出すようになりました。ある日，マキちゃんは遊びながら「ウー，ウー」と声を出しました。私がそれを真似て「ウー，ウー」と声を出すと，

マキちゃんは続けて「アンマ」とか「アベ」等の声を出しました。それに合わせて，私も「アンマ」「アベ」等と声を出しました。すると，マキちゃんは私の顔をじっと見て，活発にいろいろな声を出すようになりました。側で見ていたお母さんに「マキちゃんの発声を真似してあげると良いですよ」と言ったところ，お母さんは，早速，家で試されたそうです。次に来所された時，開口一番「家でマキの発声を真似したら，嬉しいみたいですね。ぺらぺらおしゃべりになり，皆びっくりしました」と報告して下さいました*。

　(サ) ユウキ君（5歳）のお母さんも「ユウキの発声を真似るようにしたら，うれしいらしく，私の膝に乗ってきて私の口に指を当てて，もっと言えと要求してきました」と報告して下さいました。また，いつも一緒に連れてきている下の子（1歳）が「ンマ，ンマ」と発すると，その声を真似ながら「こういう風にすれば良いのですね」と言われました。

　赤ちゃんが声を出せば，お母さんは嬉しくて自然とその声を真似ています。声を出すとお母さんが喜ぶことを知って，赤ちゃんは一層活発に声を出します。それと同じ様に，まだ言葉（音声）にならない子どもの声を真似てあげると良いと思います。自分の声がお母さんに伝わることを知って，子どもは嬉しくてもっと声を出したくなります。子どもと大人のこの様な声のやりとりが，言葉によるやりとりの大切な芽になるのだと思います。

* 「初めての言葉（音声）」p.46. 参照

第4節　子どもの思いに共感する

気持ちを汲み取り，代弁する①

　(タ) ナオヤ君（12歳）は，「こどものへや」に来ると必ず動物・乗り物のトーキングカードを聞きます。これらのカードには動物や乗り物の写真が付いていて，プレーヤーにセットするとその動物の鳴き声や乗り物の音が流れます。ナオヤ君は60枚あるこれらのカードを全部机上にばらまいて，「うん，うん」と言って聞きたいカードを次々と要求します。欲しいカードの名前をまだ言葉では言えないので，探しだすのが大変です。そこで，全てのカードを縮小カラーコピーして，1冊のアルバムに整理しました。すると，ナオヤ君はそのアルバムの中のコピーを指差して，目的のカードを要求するようになりました（図3参照）。

　ナオヤ君が，例えば消防車のカードを要求した時，私は「うん，消防車だね」とその名前を言うぐらいしかできないのですが，お母さんは1枚の写真の中に込められたナオヤ君

図3　アルバムを指差してカードを要求する

の思いをきちんと汲み取って，「火事だ！大変だ！はやく火を消さないと，おうちが燃え
ちゃう！……学校にきたね。ナオちゃん，はしごに乗せてもらったね」などと豊かな言葉
を添えていきます。それは，いつもナオヤ君の側にいて，気持ちを分かろうとされている
お母さんだからこそできる言葉かけだと思います。

　言葉をかけるということは，言葉を教えることではなく，「分かったよ。あなたの気持
ちは〜なのね」と共感したことを伝える作業だと思います。

気持ちを汲み取り，代弁する②

　リョウスケ君（11歳）は，自分で作り出した身振りをたくさん持っています。例えば，
頭の上で人さし指を2本立てて"ウシ"を，頭をぐるぐる回して"センタクキ"を表わし
ます。対象の形や動きを象徴的に表わしたこの様な身振りの他に，既に持っている身振り
を語呂合わせ的に他の対象に転用させることもあります。例えば，上記の"ウシ"の身振
りで桃（もーもー）のマークのお店"バーミヤン"を，"センタクキ"の身振りで"ケン
タッキー"のお店を表わします。自分で作り出したこのユニークな身振りの他に，人から
教わった身振りも使います。最近は，指文字を使って人の名前の頭文字を表わすことを覚
えました（図4参照）。リョウスケ君は，発語が少なくても，とても「おしゃべり」な印
象を人に与えます。

　お母さんはリョウスケ君の身振りをいつも丁寧に受け取り，その時のリョウスケ君の気
持ちを逐一言葉に直して返します。私には分からない身振りも，お母さんは「きのう，リ
ョウちゃんが，頭が痛くて，お布団敷いて……」などと上手に代弁していきます。そうす
ると，気持ちが伝わったことが分かって，リョウスケ君は満足します。

　工夫して身振りを作り出すリョウスケ君もすごいけれど，その意味を読み取るお母さん
もすごいなあと思います。受け取ってくれる人がいるから，コトバが生まれるのだと思い
ます。

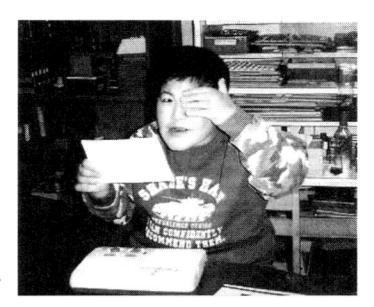

図4　指文字の「コ」で小竹を表わす

不安に共感する

　モモコちゃん（5歳）のお母さんから次の様な相談を受けました。「最近，モモコが頻
繁にオシッコをしたがります。ひどい時は10分おきにトイレに行きたがります。そんな自
分を『私，変かな？』と心配するのですが，どう接したら良いでしょうか？」

　私自身，娘（6歳）の頻尿を少し前に体験しましたので，その時の体験を踏まえて，次

の様に言いました。

「オシッコに行きたがる時は，さりげなく行かせてあげると良いです。親が叱ると，子どもはますます不安になります。『オシッコを頻繁にしたくなることは誰にでもあることだから心配することはない』と言ってあげれば，安心するのではないでしょうか」

1ヶ月後に会った時，お母さんは「出掛ける前にはまだトイレに行きたがりますが，それ以外の時はあまり行かなくなりました」と，うれしい報告をして下さいました。

大事なことは，子どもの不安に共感してあげることだと思います。子どもは，共感してくれる人が側にいることを知って，その人に対する信頼を支えにして，次第に不安を解消することができるのだと思います。

「こだわり」を生かす

トモヤス君（5歳）は，紙きれを束ねて持つことが好きです。お母さんの話によると，以前通っていた保育所では，トモヤス君が紙を持つことに対して，「こだわり」は取り除いた方が良いと考え，トモヤス君の周りから紙を一切片付けてしまったそうです。すると，トモヤス君は一層激しく紙を求めて保育所のごみ箱をあさったり，保育所に行くのを嫌がったりするようになったそうです。

この話を聞いて，私はお母さんに次の様に話しました。「トモヤス君は，紙を持っていると安心するのだと思います。トモヤス君にとって，紙は心の支えであり，お守りなのだから，大人が勝手に取り上げてはいけないと思います」

お母さんはトモヤス君にとって紙が持つ意味を良く分かっているので，決して取り上げることはありません。それどころか，表に絵を，裏にその絵の名前の頭文字を書いた紙片を作ってあげたそうです（図5参照）。トモヤス君はそれらの紙片を大事に持って歩くうちに，「ちくわのち」「すいかのす」などと文字を読むようになりました。

子どもの興味を「こだわり」と見做して取り除くのではなく，トモヤス君のお母さんの様に，子どもの興味を生かして子どもの世界を広げてあげたいと思います。

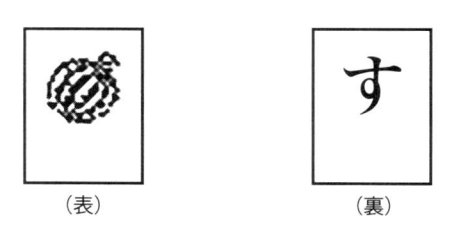

（表）　　　　　　　　　（裏）

図5　絵と文字を書いた紙片

「こだわり」を大切にする

ある日，マイコちゃん（7歳）のお母さんから「先日，お母さん方の集まりで『子どものこだわりは早い時期に止めさせなければいけない』といった意見が出されました。果たしてそうなのでしょうか？」と疑問が寄せられました。

　お母さんによれば，マイコちゃんは小さい頃からいろんな「こだわり」を持っていました。例えば，日中テレビをずっとつけていないと気が済まなかったり，夜には寝室とは別の部屋の明かりを必ずつけて寝たりしたそうです。また，服や食べ物やトイレなどの「こだわり」もありました。それに対して，お母さんが「だめ，だめ」と言って無理にやめさせようとしていた時は，マイコちゃんはストレスを溜めるばかりで，これらの行動をやめることはなかったそうです。それが，お母さんがマイコちゃんのこれらの行動を受け入れるようにしたところ，いずれの行動もいつの間にか消失あるいは減少していったそうです。

　この様な経過から，マイコちゃんのお母さんは，子どもの「こだわり」を大人が一方的にやめさせようとすることに懐疑的です。いかなる行動も子どもにとっては大切な意味があり，必要があって起こしている行動です。ですから，大人の考えでやめさせようとするのではなく，マイコちゃんのお母さんがされたように受け入れてあげることが大切であって，それによって気持ちが安定した子どもは自分から納得してそれらの行動をやめることができるのだと思います。

　「こだわりはかさぶたみたいなものだ」とよく言われています。かさぶたは傷を治すために一時必要なものであり，傷が治っていないうちに無理にはがすと余計に傷を悪くします。傷が治るまで待っていれば，自然とはがれ落ちて無くなるものです。

第5節　「問題とされる行動」の意味を理解する

ウサギの耳を手で隠す

　(タ) ナオヤ君（6歳）は，ディック・ブルーナの絵本に登場するウサギのミッフィーちゃんが大好きです。お母さんによれば，ミッフィーちゃんのビデオを見て好きになったそうです。ナオヤ君は，お母さんに要求してミッフィーちゃんの絵を沢山描いてもらっているうちに，自分でもウサギの絵が描けるようになりました。ところが，何故かナオヤ君はウサギの耳を自分の手のひらで隠します。絵本の中のウサギのミッフィーちゃんに対しても，同じ様に耳を手で隠します。

　ある時，お母さんは次のように話して下さいました。「ウサギの耳を隠す理由が分かり

図6　ウサギの絵を描く

ました。いつも見ているミッフィーちゃんのビデオの中に，最初にミッフィーちゃんが大写しで登場し，その後次第に遠くに写る場面があります。大写しの時，ミッフィーちゃんの耳は画面に写りませんでしたが，遠方に動くにつれて顔全体が写りました。ナオヤはそれを自分で再現しているようです」

　それを聞いて，私は「なるほど！　それは，大発見ですね」と思わず感嘆の声を上げました。さすがにお母さんは子どものことが良く分かると感心したからです。子どもの一見特異な行動を「こだわり」だとか「無意味」だとか言って片付けてしまう人がいます。しかし，その様な見方からは，当の子どもの真の姿が見えてきません。ナオヤ君のお母さんの様に，子どもにとってその行動の持つ意味を知ろうと努めることが大切だと思います。

行動の意味

　ある日，「こどものへや」に来たヨウヘイ君は，勉強の合間にセロテープを持ち出しました。そして，60〜70cmの長さに切っては，襖や棚や障子などの上部にテープを縦横にペタペタ貼って回りました。それを見ていたお母さんは「セロテープのことが学童で問題になっています。少しずつ使う様に指導を受けていますが……」と話されました。私は「まあ1本使いきれば終わるだろうから，遊びだと思えばいいじゃないですか」とは言ったものの，その行動の意味までは理解していませんでした。だから，勉強を終えて帰ろうとしたヨウヘイ君に，出入りの邪魔になるセロテープを見かねて，私は「このテープはがしていい？」と尋ねました。すると，ヨウヘイ君はきっぱりと「だめ！」と叫び，続けて「お祭りなんだから！」と言いました。その時初めて，私はこのセロテープが祭りのしめ縄飾りを再現していたことを確信しました。そういえば，この時期，街では夏祭りのしめ縄飾りがあちこちで飾られていました。

　この日，行動の意味，気持ちを見ることの難しさを改めて痛感しました。

トイレのパズル

　ケイヤ君（2歳10ヶ月）はトイレに入るのは苦手ですが，トイレのマークは好きです。「こどものへや」でトイレのパズル（図7参照）を呈示すると，「といれ！」と言って，嬉しそうに手を出しました。しかし，トイレのパズルに対して左右（男女）逆に入れようとしました。これは，私がうっかり男女の凹の位置を間違えて左右逆に作ったのがよくありませんでした。ケイヤ君は見慣れた配置を覚えていて，凹の形ではなく記憶に基づいて入

図7　トイレのパズル（一般的には男が右，女が左）

れようとしたのでした。うまく入らなくて怒り出すかと思ったら，しばらくして凹の形に合わせて入れ直してくれました。

　ケイヤ君の記憶の確かさに驚かされました。この時はケイヤ君の柔軟さに救われましたが，教材を作る時は子どもの気持ちを忘れないようにしたいと思います。

眠る

　ミユキちゃん（5歳）は，両足の内反足（ないはんそく）を矯正する為に矯正靴をはくことになりました。矯正靴はかなりきつく，時に足の色が変色することもありました。ミユキちゃんはこの矯正靴が嫌いでした。言葉（音声）を持たないミユキちゃんは，矯正靴をはかせられると大声を上げて泣きました。泣いてもしばらくは矯正靴を装着される日が続きました。4ヶ月経った頃から，矯正靴をはかせられると，最初は泣いていたのが，途中から眠るようになりました。更に，その1ヶ月後には，矯正靴をはかせられると，全く泣かずに，すぐに眠るようになりました。

　大声で泣いても動揺を解消できなかったミユキちゃんは，眠ることで周囲との関係を一旦閉じてささやかな安定を回復しようとしたのだと思います。「角を矯（た）めて牛を殺す」ということわざがあります。足を矯正しようとすることが，ミユキちゃんの心を極限まで追い詰めたようです。その後，お母さんの決断で矯正靴の装着は中止されました。

過食・閉じ籠り・不眠

　トモカズ君（11歳）は，休日には家で比較的穏やかに過ごしていました。これに対して，休み明けや学校で運動会などの行事がある時，気持ちを大きく乱すことがありました。

　気持ちが乱れた時，トモカズ君は食べ物を求めて活発に動き回ることがありました。ある時は，冷蔵庫の生肉や生野菜まで取り出して食べてしまいました。この様な時，トモカズ君は，食べ続けることで，動揺した気持ちを必死に鎮めようとしていたのだと思います。私たちも，乱れた気持ちを鎮めようとして，やけ酒ややけ食い等の行動をすることがあります。

　また，気持ちが乱れた時，トモカズ君は手で耳を押さえて動かなくなることがありました。動きが最も少なくなると，1日中布団に潜り込んでじっとしていました。この様な時，トモカズ君は，整理しきれない周囲との関係を一旦大きく閉じることで，動揺から身を守ろうとしていたのだと思います。私たちも，気持ちが乱れた時，部屋に閉じ籠る，といった似たような行動を取ることがあります。

　気持ちの乱れが最も大きい時，トモカズ君は微かな状況の変化にも泣いたり，怒ったりして，眠れない日が1週間程続きました。私たちも，気持ちを乱した時，些細な事に過敏になったり，眠れなかったりすることがあります。

　過食・閉じ籠り・不眠といった行動はいずれも粗大な行動ではありますが，その時点ではトモカズ君に必要なものでした。実際，これらの行動を起こすことで，トモカズ君はささやかな安定を回復することができました。トモカズ君の気持ちを鎮める為に，お母さん

は学校を休ませて，家でトモカズ君が好きな絵本を読んで聞かせました。後に，トモカズ君は写真や言葉（音声）を使って思いを伝えたり，言葉を自分自身に発して動揺を鎮めたりすることができるようになりました*。それに伴って，過食・閉じ籠り・不眠といった行動を以前ほどは必要としなくなりました。

* 「言葉（音声）を自分に発して気持ちを鎮める②」p.107. 参照

ジュースとゴミを持って，働きに行く*

　カズヤ君（22歳）は，高等養護学校（現高等特別支援学校）を卒業後，市の福祉作業所に通い始めました。作業所には2ヶ月程通って，その後突然「いかない」と言って通所を拒否しました。カズヤ君はその理由を説明できるほど言葉が豊かではありません。聞くところによれば，通所を拒否する前に，作業中「オシッコ」と言って頻繁にトイレへ行ったり，自分のかばんを持って家に帰ろうとしたりしたことがあったそうです。

　その後，カズヤ君は作業所に行くことをかたくなに拒否し続け，3年間が過ぎました。この間，カズヤ君は，好きな買い物に一人で出掛けたり，家事を「手伝ったり」しながら過ごしました。しかし，買いたい物が買えないと怒ったり，食べ物や日用品やゴミ等を細かに管理したりするようになり，ご家族にとっては大変な毎日だったようです。例えば，1週間の食事のメニューを全部自分で決めて，それ以外の食べ物を買わせなかったり，残った食べ物をゴミ袋に入れて捨てたりしました。また，新しい食器を買いたくて，使用中の食器を毎日の様に割ったりしました。

　その年の秋，ご家族は家を新築したのを機に，市の中心から郊外のY町に引っ越ししました。その途端，近くにお店が無いこともあって，あんなに激しかった買い物も夜の出歩きも，ほとんど無くなりました。また，食べ物や日用品等の管理も随分とおおらかになったそうです。しばらくして，お母さんがY町のS福祉作業所に連れていってみたところ，午前中そこで過ごすことができました。たまたま初日に缶ジュースを出されたこともあって，次の日から缶ジュースを持ってS福祉作業所に行くようになりました。お昼になると，「お弁当，食べない」と言って，お母さんの車に乗って家へ帰ります。S福祉作業所では，カズヤ君が作業中にジュースを飲むことに対して，通所生を含めて皆大目に見てくれているそうです。1ヶ月程して，缶ジュースの他に，家で自分が出したゴミを袋に入れて持って行くようになりました。そのきっかけは，引っ越し前にカズヤ君が管理していたゴミ出しの仕事が，引っ越し後できなくなったことにあるようです。S福祉作業所では，ゴミを持ってくることに対して，それを禁止するのではなく，生ゴミを処理する専用の容器を庭に設置して，ゴミを分別して捨てるように指導したそうです。また，S福祉作業所に通い始めた頃，カズヤ君が作業中に突然外の道路に飛び出すことがありました。この行動に対しても，何か意味があるものと考えて，制止しないで見守ることにしたそうです。

　2ヶ月程経ったある日の朝，私がS福祉作業所を訪れると，カズヤ君はホッチキスの針を箱に詰める作業に黙々と取り組んでいました。持参したゴミは，来所してすぐに，焼却炉と生ゴミ処理容器にうれしそうに入れ分けたそうです。他の通所生や先生方がおしゃべ

りしている間も，カズヤ君は黙って作業を続けていました。しばらくして，突然自分のロッカーの中から缶ジュースを取り出し，飲み始めました。先生が「おっ，おいしそうだなぁ，ちょっとくれよ」と言ってコップを差し出すと，笑いながらそのコップにジュースを注ぎました。ジュースを飲み終えると，再び作業に没頭しました。それからしばらくして，今度は突然席を離れて玄関へ走っていきました。そして，玄関で靴にちょっと手をかけると，すぐに戻ってきました。先生の話では，外に飛び出す行動は次第に省略されて，今では玄関で引き返すことが多くなったそうです。席に戻ったカズヤ君は，再び作業に熱中し始めました。時折，「お歳暮には，山形屋ののり」等と独り言を言います。カズヤ君がこの言葉を発するのは，機嫌の良い時です**。カズヤ君が半日で仕上げるホッチキスの針の箱の数は，他の通所生が1日で仕上げる数よりも多いそうです。

　この様にして，カズヤ君は，毎日ジュースとゴミを持って，作業所に通うようになりました。S福祉作業所では，作業中にジュースを飲む，ゴミを持って来る，外に飛び出すといった行動を，カズヤ君にとって何か意味があるものと考えて，受け入れるように努めてきました。そのことがS福祉作業所に対する信頼を育て，そこに通いたいという気持ちをもたらしたのだと思います。

* 　小竹利夫（1994）「働きに行く」，障害児教育学研究，第1巻第2号，pp.1–2. の原稿を一部書き改め
　 再録
** 　「その人のコトバを大切にする②」p.55. 参照

甘える

　(ヒ) ユウキ君（12歳）のお母さんの話によれば，ユウキ君は人の多い場所が苦手なのだそうです。人が多い状況は刺激が入り乱れていて，ユウキ君にとっては混沌とした状況であり，その様な状況では，ユウキ君は不安になるのだと思います。

　人と人との関係は，一対一の関係が基本です。そして，一対一の関係は，主として親との係わりを通して培われます。ユウキ君は，自分の気持ちを理解し，受け入れてくれるお母さんが大好きです。この様なお母さんとの信頼関係を支えにして，ユウキ君は人との関係を少しずつ広げていきました。

　最近，ユウキ君は学校の女の先生の腕を取ったり，くっついたりすることがあるそうです。担任の先生は，ユウキ君が大人になった時，女の人にその様な行動をとって誤解されることを心配して，ベタベタしてくる時は突き放すことにしたそうです。

　この事に関して，お母さんは学校との連絡帳に次のように書かれました。「先生に少し甘え過ぎのようですが，私としてはとても嬉しい出来事です。ずっと今まで，私以外の人に甘えるという話を聞いたことが無く，どちらかと言えば，いつも一人でいる方が好きみたいですと書かれることが多かったので，先生に対して甘えるしぐさを見せたのは，ユウキにとって良いことだと思います。少し他人を意識してきたことになると思いますが…」

　ユウキ君が他人に甘えるようになったのは，人に対する信頼が広がった証拠です。ユウキ君の気持ちを受け入れてあげることで，その様な信頼は更に増すものと思います。です

16

から，甘えることを禁止するのではなく，甘え方を教えてあげれば良いと思います。「こどものへや」では，手や肩や膝等を軽く叩いたりして触れ合いを楽しんでいます。

絵や字の上にシールを貼る，線を書く

(ヒ) ユウキ君（12歳）は，シールを貼るのが好きです。紙の白い部分に貼ることもありますが，絵や字などがあるとその上に貼ります（図8参照）。私が紙に小さな丸を書いてあげると，その上に貼ります。丸が無いと，自分で線をなぐり書きして，その線の上に貼ります。

また，ユウキ君はマジックなどで紙になぐり書きするのが好きです。紙の白い部分に書くこともありますが，絵や字があるともっぱらその上に書きます。新聞広告の裏の白い部分に書くように勧めても，ユウキ君は広告の面の数字の上などに線をなぐり書きします。

(ミ) カオリちゃん（7歳）は，本の絵や字の部分を折るのが好きです*。最近，本の絵や字の上をマジックでなぐり書きするようになりました。白い紙だと，カオリちゃんはマジックをお母さんに差し出して，絵と文字を書いてくれと要求するそうです。例えば，お母さんがりんごの絵と字を書くと，カオリちゃんはその上をなぐり書きするのだそうです。

何故，ユウキ君やカオリちゃんは絵や字の上にシールを貼ったり，線を書いたりするのでしょうか。何も無い広い部屋で落ち着かず動き回っていた子が，座布団を一つ与えられるとその上に落ち着いた，という話を以前聞いたことがあります。ユウキ君もカオリちゃんも，白い紙のどこに貼ったり，書いたりすれば良いのか分からず，落ち着かないのでしょうか。本当の理由は分かりませんが，絵や字の上にシールを貼ったり，線を書いたりしたがる子どもたちの気持ちを大切にしたいと思います。

図8　絵の上にシールを貼る

* 「本の紙を折ったり，車に乗ったりして気持ちを鎮める」p.104. 参照

空き缶を持って来る

トモミちゃん（15歳）は，「こどものへや」に来る時，ビールの空き缶をビニール袋に入れて持って来るようになりました。これは，「こどものへや」で行なっている廃品回収にお母さんが空き缶を持参するのを見て，真似して始めたことです。トモミちゃんは，学校が休みの日（日曜日）から5回寝たら「こどものへや」に行く日（金曜日）と分かるらしく，前日の晩になると，言われなくてもビールの空き缶をビニール袋に入れて準備する

そうです。

　ある時，ビールの空き缶が家に無いことがありました。すると，昼間お母さんと買い物に行ったトモミちゃんは，珍しくビールを買ったそうです。そして，夜，帰宅したお父さんに，早速そのビールをコップに注いであげたそうです。感激して飲み始めたお父さんの傍らで，トモミちゃんはお父さんが飲み終えるのを待って，空になったビール缶をさっさとビニール袋に入れたそうです。トモミちゃんのお目当てが空き缶だと分かりお父さんはガッカリされたようですが，トモミちゃんはお父さんが飲んだビールの空き缶を二つ持って，翌日嬉しそうに「こどものへや」にやってきました。

　トモミちゃんは空き缶を持って行くことが楽しみの一つになりました。「こどものへや」では，トモミちゃんが持って来る空き缶を有り難く受け取るようにしています。なぜなら，空き缶を受け取ることは，トモミちゃんの思いを受け取ることになるからです。

弁当を持って，保育所に行く

　息子のタクミ（3歳）は，毎朝何かを持って保育所に行くようになりました*。ある朝，タクミは「お弁当をもっていく！」と言い出しました。「保育所は給食があるから弁当はいらないよ」と説明すると，「だって，けんちゃん，お弁当もってきてる」と言って譲りません。母親が弁当を作ると，タクミは嬉しそうにそれを持って園に向かいました。

　保育所に着いて，弁当を持ってきた経過を報告すると，担任の先生は全く気にせず，次のように言われました。「大丈夫ですよ。他にもお弁当を持って来る子がいますから。そんな友達の姿を見て，タクちゃんも同じ様に持って来たくなったのでしょうね」　その日，タクミはすぐに弁当を開けて全部食べ，きれいに洗って片付けたそうです。昼は昼で，園の給食を皆と同じ様に食べたそうです。

　その後，朝になると「お弁当もっていく！」と言い，弁当を持っていく日が続きました。しかし，5日目の朝，自分から「給食があるからお弁当持っていかない」と言って，それっきり持って行かなくなりました。

　タクミは，友達が持ってくる弁当を自分も持って行ってみたかったようです。実際に何度か弁当を持って行くと，納得して止めることができました。園からの連絡帳に「お弁当はもう本人の気が済んだのでしょうね。思ったより早い"卒業"でしたね」と書いてありました。子どもを信頼し，子どもの起こした行動を温かく見守って下さる園の先生の姿勢に頭が下がる思いでした。

*　「保育所に通う」p. 103. 参照

写真を逆さに見る

　(コ)マサヒロ君（10歳）は，乗り物や建物が載っている本を好んで見ます。そこで，乗り物の絵の構成や絵と絵の見本合わせ等の教材を作って，形の勉強をしてきました。

　ある日，お母さんから，家でマサヒロ君は乗り物や建物が写っている不動産の新聞広告を選び出して見ていると聞きました。そこで早速，不動産の新聞広告を用意してみました。

　すると，マサヒロ君は，その新聞広告をまじまじと見たのですが，何故かしばしば新聞広告を逆さにしました。いつもは，絵や写真を逆さに見ることはありません。不思議に思ってその様子を見ていると，そのうち，手元にある写真のポケットアルバム*を開いて，買い物によく行く近所のお店の写真と見比べ始めました。しばらくして，ようやく私は，新聞広告の建物の形がそのお店と似ていることに気づきました。しかも，新聞広告の建物と近所のお店では，その明暗のコントラストが全く逆になっていました。すなわち，新聞広告の建物は上半分が暗く下半分が明るいのに対して，近所のお店は上半分が明るく下半分が暗くなっていました（図9参照）。それで，マサヒロ君は，新聞広告の建物を馴染みのお店の様に見ようとして，新聞広告を逆さにしたのでした。

　この様にして，新聞広告を逆さにして見ることの意味が分かりました。そして，私たちが思っていた以上に，マサヒロ君が写真の形や明暗のコントラストを細かく区別していることを知りました。これらのことは，マサヒロ君の行動をじっと見守ることによって，初めて理解することができました。

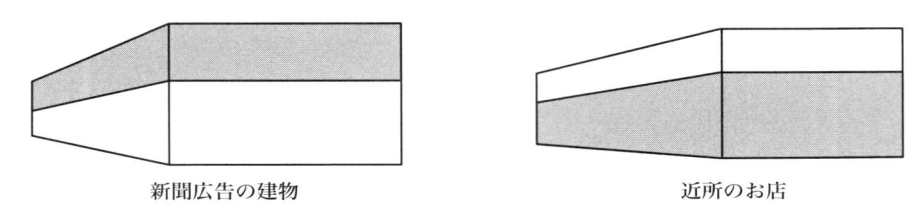

新聞広告の建物　　　　　　　　　　　　　近所のお店

図9　新聞広告の建物と近所のお店の略図

*　「写真で伝える①」p. 23.　参照

第2章　思いを伝え合う

　　子どもたちが言葉（音声）を話さなくても，その表情や動きから思いを読み取ることができます。その過程で信頼関係が成り立てば，子どもたちは大人の言葉に耳を傾け始めます。また，自分の思いを伝えたいという気持ちを持ち始めます。そうすると，手を引く・発声・指差し・写真・身振り・文字といった様々なコトバを子どもたち自身が生み出し，思いを伝え合ったり，やりとりを楽しんだりするようになります。そして，言葉（音声）を話すということは，このような様々なコトバ*によるやりとりの延長線上に起きる出来事だと思います。

* 本書では，梅津八三先生の信号の定義を参考にして，ある人の行動を引き起こす他の人の行動及びその構成物をコトバと呼んでいます。

第1節　手を引く

要求のサイン① ─指をつかむ・たたく・足踏みする─

　　(タ)ユウキ君（5歳）は発語がなく，指差しや身振りといったサインも見られません。唯一，人の腕をさするような仕草がみられましたが，この仕草は甘えているようでもあり，訴えているようでもあり，お母さんにもその意味がつかみきれないでいました。

　　ある時，「こどものへや」で絵を押すと音が鳴る絵本をやって見せると，ユウキ君はにこにこしながら聞いていました。歌が終わると，自分でも絵本に手を出してきて絵をさすりました。しかし，残念ながら力が足りなくて音が鳴りませんでした。すると，側にいた私の腕をさすってきました。要求のサインと解釈して，代わりに私が絵本を鳴らしてあげると，嬉しそうに聞いていました。歌が終わった時，今度は人差し指を立てて待ってみました。すると，ユウキ君はその指をつかんできました。ユウキ君が指をつかんだのは，この時が初めてでした。私はすぐにその指で絵本の絵を押してあげました。

　　その日トランポリンで遊んでいる時にも，同じ様な事が起きました。ユウキ君がトランポリンのマットの上に座ったので，私が20回揺すってあげると嬉しそうに笑いました。私が揺するのを止めると，ユウキ君は手でトランポリンのマットを2,3回叩きました。"モット"の要求サインと解釈して，また20回揺すってあげました。この様なやりとりを繰り返すうちに，次第にはっきりとマットを叩いて要求するようになりました。途中からユウキ君はトランポリン上に立ち上がり，揺れが止まると今度は足踏みをして要求するようになりました。手でマットをたたく・足踏みをするといった要求サインがはっきり見られるようになった頃，私はトランポリンの側で人差し指を立てて待ってみました。するとユ

ウキ君は私に近付いて，その指をつかみにきました。すかさず，両手の指をつかませてトランポリン上で揺すってあげると，嬉しそうな笑顔が返ってきました。ここでも，止まると足踏みがみられたので，その都度繰り返し揺すってあげました。

　この日，ユウキ君は，指をつかんだり，マットを叩いたり，足踏みをしたりといったサインで要求を伝えるようになりました。自分の思いが通じて嬉しかったのか，この日のユウキ君にはたくさんの笑顔が見られました。伝わる喜びを経験することで，ユウキ君のサインはいっそうはっきりとしたものになると思います。

要求サイン② ─手を引く・物を差し出す─

　(タ) ユウキ君（5歳）は，指をつかんだり，叩いたりといった要求サインが見られるようになりました*。

　お母さんの話では，その後，家ではジュースを飲みたいとペットボトルをつかんでお母さんに差し出す動きが見られるようになってきたそうです。それまでは，ペットボトルをつかんでかじるだけだったそうです。

　また，お母さんが保育所の保育士さんに「こどものへや」で指をつかむようになったエピソードを伝えて下さったところ，保育所でも要求サインを引き出す工夫をして下さったそうです。具体的には，保育士さんがブランコをこぐ手を一旦休めて指を立てて待つようにしたところ，ユウキ君は保育士さんの指をつかんで引くようになったそうです。

　「こどものへや」でも，椅子から降りたくなって母親の手をつかみ（図1参照），そのまま手を引いて廊下へ行くことがありました（図2参照）。

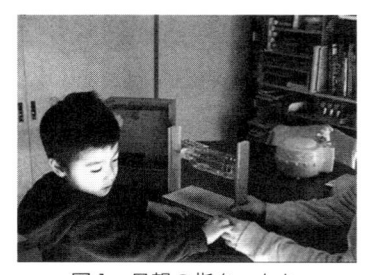 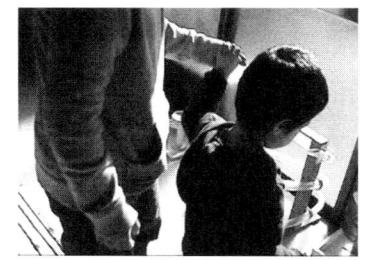

図1　母親の指をつかむ　　　　　　図2　手を引いて廊下へ

＊「要求のサイン①─指をつかむ・たたく・足踏みする─」p. 19. 参照

手を引いて，目的地まで連れて行く

　(シ) ナオヤ君（5歳）は発語がありません。お母さんの話では人の手を引いたり，指を差したりもしないそうです。それでも，食べ物の袋や飲み物の缶を持ってきて，開けて欲しいと伝えることがあります。

　ナオヤ君はトランポリンが大好きです。ナオヤ君の手や脇の下を持って高く跳ばしてあげると喜びます。跳ばす手を止めると，ナオヤ君はもっとやって欲しくて抱き付いてきます。しかし，私が離れると，ナオヤ君はすぐあきらめてしまいます。そこで，ナオヤ君が

手を引いて要求を伝えるようにならないものかと考え，離れる距離を少しずつ広げてみました。具体的には，トランポリン上のナオヤ君が手を伸ばせば楽に届く位置に私が立ち，人差し指を立てて待つようにしました。これに対して，ナオヤ君は次第に私の指を掴んで引き寄せるようになりました。

　それから，半年近く経過したある日，ナオヤ君がトランポリンの手前で私の手を掴み，トランポリンまで私を連れて行くことがありました。驚いた私は，トランポリンでナオヤ君を跳ばしてから少し離れて待ってみました。すると，ナオヤ君はトランポリンから降りて私の手を引きにきました。これ以後，確実に，私の手を引いてトランポリンまで連れていくようになりました。家でも，お父さんやお母さんの手を引いて，思いを伝えるようになったそうです。

第2節　指差し

指を差して名前を要求する

　言葉を話し始める前後に，子どもの指差しが盛んに見られることがあります。「アー，アー」とか「これ，なに？」とか言いながら，身の回りの物や絵本の中の絵等を指差します。そして，親がその対象の名前を言ってあげると，ようやく納得して他の活動に移っていきます。このようなやりとりの奥には，馴染みの物を見付けた時の喜びや不思議な物を見た時の不安を，親にも共感してもらいたいという子どもの思いが隠されています。

　(タ) ナオヤ君（6歳）は，犬や猫やウサギが大好きです。それらの名前を言って欲しくて，それらの絵や写真を指差すようになりました。例えば，電話帳の広告のクロネコを指差したり，絵本のウサギを指差したりします*。お母さんが「クロネコヤマトの宅急便」とか「ミッフィーちゃん」とか言ってあげると，嬉しそうに聞いています。

　マキちゃん（5歳）も，名前を知っている物を見つけると，盛んに「アー，アー」と言いながら指差します。お母さんが「リンゴだね」とか「ニャンニャンだよ」とか言ってあげると，静かに聞いています。また，マキちゃんが食べ物を指差した時，お母さんが「プリンだよ」「イチゴだよ」とその名前を言ってあげると，安心して食べるようになったそうです**。

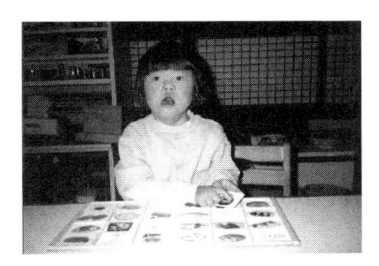

図3　絵を指差して名前を要求する

* 「ウサギの耳を手で隠す」p. 11. 参照
** 「名前を聞いて納得して食べる」p. 113. 参照

指を差して伝える

　(ヒ)ユウキ君（11歳）は言葉（音声）をかなり理解していますが，自ら言葉を発することはほとんどありません。ユウキ君は助けを必要とする時，人の手を引いてその場所へ連れていきます。ユウキ君の思いを聞き出す為に，これまで，写真を何枚か並べてそれを選択してもらう方法を試みてきました。その結果，好きなお菓子やおんぶの写真を指差したり，写真を取って指定された箱に入れたりすることが何度かありました。しかし，写真を選ぶことがめんどうなのか，直接実行に移ることが多く，写真選択はなかなか定着しませんでした。

　そんな折，たまたま，ユウキ君は学校で利き腕を骨折しました。体が不自由になって，ユウキ君は人の助けを必要とすることが多くなりました。お母さんは，これを機に，食卓で食べたい物を指差すことを教えたそうです。すると，ユウキ君は，すぐに，食べたい物を指差すようになったそうです。これは，ユウキ君が困っている時にお母さんがタイミング良く指差しを教えたことが良かったのだと思います。この直後より，「こどものへや」では，写真を何枚か並べて呈示すると，その中の一枚を指差したり，取り上げて箱の中に入れたりするようになってきました。腕が完治してからも，机上の食べ物や写真に限らず，遊具のあるプレイルームの方を指差したりするようになりました。ある時，お母さんは「『こどものへや』の近くまで来ると，車の中で，『こどものへや』の方向を指差して，こっちへ曲がれと要求するようになりました」と話して下さいました。

　この様に，ユウキ君は机上の物や写真のみならず，場所や方向を指差して，自分の考えを伝えるようになりました。最近は，指先だけを動かして軽々と指を差すようになり，指差しがすっかり板に付いた感じがします。

第3節　写　　真

写真を撮る視点

　子どもたちの思いを聞き出す為に，或いはこちらの思いを伝える為に，写真を使うことがよくあります。ある人は，「私は，子どもの目の高さに立ってカメラを構えるようにしています」と言いました。写真を撮る時，子どもにはどのように見えているのかを常に考えながら，子どもの視点で撮ることは大事だと思います。

　しかし，子どもがどのように見ているのか分からない時もあります。その様な時は，何枚か違った視点で撮るようにしています。例えば，広告が好きな(サ)ユウキ君（6歳）の為に，実際の看板を街で探して写真に収めたことがあります。ユウキ君は毎日通う園のバスの中から看板を見ているのですが，何時頃，どの道を通って，どの方角から見るのか分かりませんでした。そこで，いくつか場所を変えて撮った写真を用意しました。ユウキ君はそれらの写真をとても喜び，帰りがけに全部持って帰ろうとしました。私が「一つだけいいよ」と言うと，その中から看板が大写しになっている写真を1枚持って帰りました。お母さんによれば，ユウキ君は持って帰った写真を写真立てに入れて，家中持って歩いているそう

です。

写真を納得して使う

　「こどものへや」で，アイちゃん（4歳）は好きなＴＶキャラクターや食べ物のパズルに積極的に取り組みます。最近では，絵や写真の見本合わせ（同じ物同士を合わせる）から，文字や数字の見本合わせへと進みました。3回目の来所の時，課題の区切りにお菓子を1個あげるようにしました。すると，次の回より，上記の教材が出てくると，アイちゃんは棚の引き出しを開けてお菓子の袋を探すようになりました（いつも引き出しの中にはお菓子が数袋入っている）。5回目の来所の時，お菓子を探しに席を立ったアイちゃんを制止して，お菓子の写真を数枚並べて選択を求めました。アイちゃんは苛立って「イー」と発声しましたが，お母さんに促されて渋々ポテトチップスの写真を指差しました。アイちゃんにしてみれば，お菓子がある場所を知っていて，しかもそれを取ることができるのだから，写真を選ばなければならない理由は無いのだと思います。そこで，次の来所の時，引き出しの中のお菓子を無くしておき，写真選択を求めてみました。アイちゃんは，引き出しを開けてお菓子が無いと分かると困惑しましたが，すぐに写真に目を移しその中からポテトチップスの写真を見つけて指差しました。今度は，苛立つことなく，私が台所へポテトチップスを取りに行く間，おとなしく椅子に座って待っていられました。

　この様に，お菓子が見当たらなくて困った時，アイちゃんはすんなり写真を使いました。

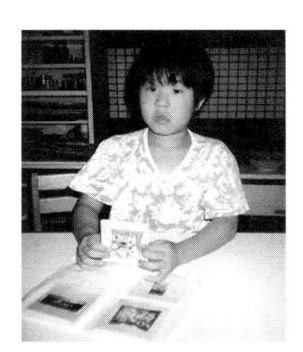

図4　ポテトチップスの写真を選ぶ

写真で伝える①

　ユウキ君（7歳）は，人に対する信頼を広げるとともに，活発に目や手を使って物と係わるようになりました*。

　最近，ユウキ君は写真を選んで思いを伝えるようになりました。活動の切れ間に，私がトランポリンの写真とカシオトーンの写真を対呈示すると，ユウキ君は決まってトランポリンの写真に手を伸ばして，それを叩いたり，掴んだりします。ユウキ君がトランポリンの写真を選んだ時，私はユウキ君を抱っこして隣室に行き，一緒にトランポリンを跳ぶようにしています。使用している写真はまだ2枚だけですが，その選び方はとてもしっかりしています。ある時，ユウキ君がトランポリンの写真を選んだのに，私がすみやかに抱き上げないでいると，ユウキ君はトランポリンの写真を何度も叩いて訴えました。

* 「他人を信頼する」p.1. 参照

写真で伝える②

　(コ) マサヒロ君（10歳）は，人の指示に従って動くことは上手ですが，自分の思いを人に伝えて人を動かすことはほとんど見られません。以前は言葉をはっきりと言うこともあったそうです。しかし，最近ではほとんど言わなくなりました。指差しは時々見られますが，多くの場合何を指しているのか分かりません。そこで，マサヒロ君がもう少し楽に自分の思いを伝える手段として，写真を試してみることにしました。これは，マサヒロ君が乗り物や建物の写真や絵を好んで見ることにヒントを得たものです。

　具体的には，マサヒロ君が退屈しているように見えた時，私が写真を何枚か盆に乗せて呈示して，「何をする？」と尋ねるようにしました。マサヒロ君はすぐに，写真を一枚選ぶようになりました。写真の内容は，お店・本・トーキングカード・お母さんの車等の他，数種類のお菓子です。マサヒロ君がお店の写真を選択した時は，一緒に近くのお店まで買い物に行くようにしました。また，トーキングカードの写真を選択した時は，トーキングカードとプレーヤーを差し出すようにしました。

　その後，マサヒロ君がいつでも自由に写真を選べるように，1冊のポケットアルバムに写真を入れて机上の隅に置いておくようにしました。初めのうちは，自分ではなかなかポケットアルバムを開きませんでした。そこで，マサヒロ君がポケットアルバムの方を少しでも見たり，手を伸ばしたりしたら，すかさず私がそれを開いて，写真を見せるようにしました。この様な係わりを続けるうちに，次第に自分でもポケットアルバムを開いて，写真を見るようになってきました。今では，好きな時にポケットアルバムを開いて，その中から写真を1枚取り出すようになりました。写真を取り出した時は，勉強中の課題を一旦中断して，マサヒロ君の思いに合わせて動くようにしました。

　人の指示を待って動くことが多いマサヒロ君が，写真を選択して自分の思いを人に伝え，少しずつ人を動かし始めました。

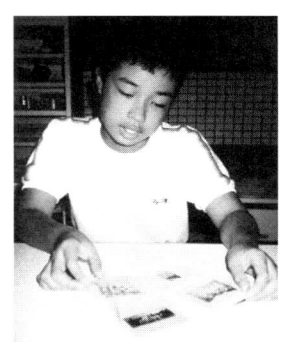

図5　ポケットアルバムから写真を選ぶ

実物・写真・絵などを持ってきて伝える

　チハヤ君（5歳）はまだ発語がありません。要求はもっぱら人の手を引いて伝えます。

例えば，扇風機を動かして欲しい時，側にいる人の手を取って扇風機のスイッチまで運びます。

「こどものへや」では，写真を手がかりにお菓子を探し当てる（受信する）ようになりました*。しかし，写真を使って自分の気持ちを伝える（発信する）ようになるには，なおいくつかの工夫が必要でした。

まず，写真を選んで気持ちを伝えるようになるには，実物を選ぶ経験をたくさん積むことが必要です。お母さんは家で飲み物やお菓子をあげる時，できるだけ二つ呈示して選ばせるようにして下さいました。そんなある日，チハヤ君は空き容器の山の中から好きな飲み物の空き容器を一つ選んで，お母さんの所に持ってきたそうです。もちろん，お母さんはすかさず冷蔵庫を開けて，その飲み物を出してあげたそうです。その後，空き容器や空のコップをお母さんの所に持ってきて，手を引いて冷蔵庫へ行くことが何度も見られるようになったそうです。また，外に行きたい時は，ジャンパーを持ってくるようにもなったそうです。

その頃，「こどものへや」でも，たまたまコタツの上にあったお菓子の写真を見つけると，それをお母さんに手渡すことがありました。そこで，次回からホワイトボード上にお菓子の袋・空き袋・写真・小皿・模型（パン）などを磁石で付けて，各部屋に設置しておきました。すると，チハヤ君はお菓子の袋だけでなく空き袋や小皿や模型なども手渡してくるようになりました（図6，図7参照）。

実物の他に，容器や袋，コップや皿，写真や模型など，これらの全て気持ちを伝えるりっぱなコトバです。

図6　お菓子の袋と空き袋を取る

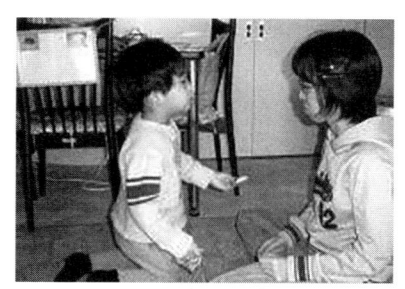

図7　母親に手渡す

* 小竹利夫（2004）「子どもたちの思いを探して―PART4」，研究紀要学習の記録，No.15，前橋こどものへや・太田こどものへや，p.39. 参照

絵を描いて伝える

（サ）ユウキ君（8歳）は，大体の事は文字を書いて伝えます*。文字を書いて伝わらない時や文字が分からない時など，ユウキ君は絵を描いて伝えます。ある時，お母さんから次の様な話を聞きました。「先日，ユウキは紙に『ファミリーブック』（レンタルビデオの店の名前）と『おかあさんといっしょビデオ』と書きました。私がNHKの『おかあさんといっしょ』の何が見たいのか尋ねると，ユウキはグーとスーの絵（図8参照）を描きました」

ユウキ君は，この様な絵を描いて伝える工夫を自分で考え出しました。

図8　ユウキ君が描いたグーとスーの絵

*　「文字を書いて伝える②」p. 42. 参照

身振りと写真で伝える

　リョウスケ君（6歳）は，自分で作り出した身振りを沢山持っています。例えば，喉に手を当てて"クダサイ"を，口に人差し指を入れて"オナカガスイタ"を表わします。

　お母さんの話では，遊園地に行きたい時は，メリーゴーランドの馬が走る様に体を上下に揺するのだそうです。しかし，リョウスケ君の近所には遊園地が二つあります。お母さんがどちらの遊園地に行けば良いか迷っていると，リョウスケ君はアルバムを持って来て，以前家族で出掛けた時に撮った写真を指差して，"コッチニイキタイ"と伝えるのだそうです。

　発語が少なくても，伝えたい事柄があり，受け取ってくれる人がいれば，子ども自身が様々なコトバで伝える工夫をします。

　「こどものへや」でも，約10枚の写真を1枚の紙に貼り付けてみました（図9参照）。すると，リョウスケ君はその中の写真を指差して，「不二家に行きたい」「玉入れをしたい」といった気持ちを伝えました。

図9　写真表

第4節　身振り

身振りでカルタを読む

　リョウスケ君（8歳）はとてもおしゃべりです。と言っても，リョウスケ君のコトバは，もっぱら自分で作り出す身振りです*。例えば，頭をグルグル回して"回転寿司"を，舌を横に出して"不二家ノペコチャン"を表わします。

　言葉は良く理解していて，学校では先生が読むカルタを沢山取るそうです。ある日，「こどものへや」でも「めくってポン」（図10参照）という簡単な絵カードでカルタをやってみました。私が読み札を持って読もうとすると，リョウスケ君は自分を指差して"僕が読む"と要求してきました。リョウスケ君が読み手をするのはもちろん初めてです。言葉（音声言語）は少なくても身振りで沢山おしゃべりするリョウスケ君です。任せてみることにしました。すると，リョウスケ君は身振りに時折発語も混ぜて，読み札を次々と表現していきました。その中のいくつかを以下に紹介します。いずれもリョウスケ君が自分で考え出した表現です。

　　犬……両手を頭の上に立てて犬の耳を表わし，「ハーハーハー」と言う

　　父……お父さんの会社の方を指差して，「パパパパ」と言う

　　花……両手を花が咲いた様にひろげる

　　木……庭を指差す

　　貝……足元を指差して，何かを拾う仕草をする

　　牛……頭の上で角の様に指を立てる

　　馬……馬に乗っている様に体を上下に揺する

　以後，カルタをすると，いつも自分が読み手をやりたがります。お母さんは，早速，「めくってポン」の絵カードを購入して，家でもカルタを楽しみました。読み手はもちろんリョウスケ君です。

　言葉を十分話さなくてもカルタを読むことができることを，リョウスケ君が教えてくれました。

　　図10　「めくってポン」の絵カード

* 　「身振りと写真で伝える」p. 26. 参照

身振りを作り出す

　マリエちゃん（5歳）は，人の手を取って自分の思いを伝えることがあります。しかし，言葉や身振りを使って伝えることはありませんでした。

　マリエちゃんはトランポリンが好きなので，私はマリエちゃんを抱っこしてトランポリンを跳ぶことが時々あります。ある日，トランポリンをしばらく跳んだ後，一旦止めて，私が「もっと」と言ってマリエちゃんの背中を軽く手でたたくと，すぐにマリエちゃんも自分の胸を手でたたいて反応するようになりました。その後，トランポリンを止めて待つと，自分で自分の胸を手で叩いて要求するようになりました。この様にして，マリエちゃんは，トランポリンをもっと跳びたい，と身振りで伝えるようになりました。

　この半年後のある日，マリエちゃんは，椅子型のマッサージ機（図11参照）を見つけて，這って近づきました。そして，私の膝の上に乗って，一緒にマッサージ機の振動を楽しみました。しばらくして，私がマッサージ機を止めると，マリエちゃんは両手を胸の前で左右に振ってみせました（図12参照）。その身振りがマッサージ機の動きとそっくりだったので，私にはその意味がすぐに分かりました。私が再びマッサージ機を動かすと，マリエちゃんは嬉しそうに笑いました。2週間後に来所した時には，マッサージ機を見るなり，すぐに私に向かってこの身振りを発しました。

　この様にして，マリエちゃんは人から教わった身振りだけでなく，自分で身振りを作り出しました。人に伝えたいという気持ちが，身振りを生み出したのだと思います。

図11　椅子型のマッサージ機　　図12　マッサージ機を動かして欲しい時の身振り

手話や身振りを使う

　エイジロウ君（14歳）は，言葉（音声）をかなり理解していますが，自ら言葉を発することはありません。エイジロウ君の考えを知りたい時は，これまでは，物や場所を指差してもらうか，単語カードに言葉を添えて選択してもらう方法を採ってきました*。

　その後，エイジロウ君と簡単な手話の学習を始めました。エイジロウ君は，"アイロン""デンワ""フロ""タヌキ""ネル""ハシル"といった手話を，手話の本**の絵または向いに座る私の手話を見て，比較的容易に型作るようになりました。

　ある日，手話の絵を見せて，私が「たぬき」「ぴあの」「めがね」「はしる」と尋ねていくと，エイジロウ君は対応する手話を次々と型作っていきました。その時，お母さんから明日は学校でマラソン大会がある，という話が出ました。早速，私は「明日，マラソン大会」「マラソン大会で走る」と尋ねました。しかし，エイジロウ君はそれらの問いにうなずくだけで，"ハシル"の手話をしませんでした。そこで，手話の絵をしまって，既に知っている手話を「あいろん」「おふろ」「でんわ」と言葉（音声）で次々と尋ねてみました。エイジロウ君は概ね正しく対応する手話を型作っていきました。続いて，「明日のマラソン大会」と尋ねると，エイジロウ君はさっと両腕を振って"ハシル"の手話をしました。これが，エイジロウ君が手話を別の事柄に応用した最初の出来事でした。次に来所した時，お母さんが「明日，学校の劇で何の役をするの？」と尋ねると，エイジロウ君はしばらく考えた後，おなかを叩いて"タヌキ"の手話をしました。

　それから半年近く経過したある日，また勉強していない事柄についても尋ねてみました。例えば，私が「やきゅう」と言うと，エイジロウ君は手でバットを振る仕草をしました。また，私が「ちゃんばら」と言うと，エイジロウ君は少し考えた後で，テレビで「遠山の金さん」が背中の桜吹雪の刺青を見せる様に，肩を出してみました（図13参照）。更に，私が「次に何をする？　買い物に行く？　玉入れする？　すべり台する？」と尋ねると，エイジロウ君はすぐに両手を合わせて飛び込む様に前方へ伸ばし，"スベリダイ"の身振りをしてみせました。この様に，エイジロウ君は事柄に合った身振りを自分で考え出し，いろんな質問に答えるようになりました。

　その後，お母さんが「(愛犬) ハリーが亡くなって，お線香をあげた」と話すのを聞いて，両手を合わせることがあったそうです。また，病院に行った時，騒いでいた小さい子どもたちにエイジロウ君は人差し指を口に当ててみせたそうです。この様に少しずつですが，生活の中で手話や身振りを自発的に使うようになってきました。

　エイジロウ君は手話や身振りを楽しそうに作ります。言葉を発さないエイジロウ君ですが，手話や身振りを使って人とやりとりできることが嬉しいようです。

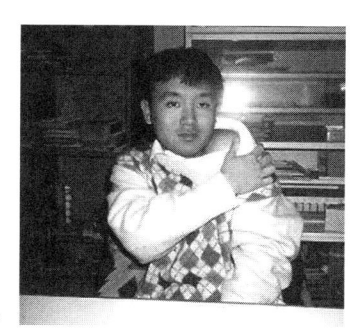

図13　"チャンバラ"の身振りを作る

* 「言葉（音声）が添えられた単語カードを選んで伝える」p. 41. 参照
** 井崎哲也 (1991)『手話の本』，あすなろ書房. 参照

手話を使う ―色名―

　エイジロウ君（15歳）は，言葉（音声）をかなり理解していますが，自ら言葉を発することはありません。エイジロウ君は，平仮名文字を長期間に渡って学習してきました。以前，文字を使って色の名前の学習をしたことがありました。先達の実践に習い，あか あお きいろ みどり くろ しろ と書いた単語カードを各色で着色し，色紙との対応付けをはかりました。エイジロウ君は着色した単語カードと色紙をすぐに正しく対応させました。しかし，単語カードの色を無くすと，途端に混乱してしまいました。その後，上記の手続きを繰り返すうちに成績は少しずつ向上しました。それでも，あか と あお，く ろ と しろ の様に類似した色名間の混同がみられ，この問題はなかなか解決しませんでした。単語カードを使わずに言葉だけで質問すると，この様な混乱は一層顕著なものとなりました。

図14（1）"アガ"の手話（くちびるの色）

図14（2）"アオ"の手話（ひげをそったあとの色）

図14（3）"クロ"の手話（かみの毛の色）

図14（4）"シロ"の手話（歯の色）

図14（5）"キイロ"の手話（ひよこのとさかをあらわす）

＊「手話や身振りを使う」p.28. 参照

その後，エイジロウ君は簡単な手話の学習を始めました*。そこで，手話の学習がかなり進んだ頃，色の名前の手話を教えてみました。すると，瞬く間に，"アカ""アオ""キイロ""シロ""クロ"といった手話（図14（1）〜（5）参照）を覚え，各色で着色したリングに正しく対応させて手話を作りました。後日，その場に無い物について，例えば「お母さんの車は何色？」とか「エイジロウ君の学生服は何色？」とか尋ねると，手話で正しく答えることができました。

　手話は，言葉や文字と違って，それが意味する事象を象徴的に表しています。そのため，エイジロウ君にとって，事象との対応付けが比較的容易だったようです。

手話を納得して使う*

　エイジロウ君（15歳）の手話の学習**がかなり進んだ頃，"タベル"，"タベナイ"と身振りで答える勉強をしました。私がクッキーの小袋を見せて「食べる？食べない？」と質問すると，エイジロウ君はすぐに袋に手を出し，封を切る気になりました。それを制して再度「食べる？食べない？」と質問すると，穏やかなエイジロウ君も少しむっとした顔で"タベル"の手話をしました。そこで，次の袋からはそれを見せる前に，「もう一つクッキーがあるけれど，食べる？食べない？」と質問するようにしました。すると，エイジロウ君は速やかに"タベル"の手話をして，差し出されたクッキーを嬉しそうに受け取って食べました。

　同じ質問でも，状況によって答え方が違って当然です。物が見えていれば，直接手を伸ばして思いを伝えることができます。物が見えない状況では，指差しや手差しに代えて，別の答え方が必要になります。エイジロウ君は，物が見えない状況では気持ち良く手話で答えてくれました。

*　同じ様な出来事として「写真を納得して使う」p.23. 参照
**「手話や身振りを使う」p.28. 参照

身振りで伝える①

　ヒロタカ君（4歳）は，発語が少しずつ増えてきています。それでも，社交的なヒロタカ君が伝えたいことは沢山あり，言葉だけでは足りません。そこで，ヒロタカ君は自分で多彩な身振りを考え出し，何とか自分の思いを伝えようとします。例えば，頭の上で手をくるくる回して，消防車を表現します。また，胸元から電話の受話器を取り出す動作で，携帯電話を使うお父さんを表します。お母さんの話によると，「こどものへや」は手で✌️と作って表すそうです。前回「こどものへや」に来た時，1〜5の指型の勉強をしたことが印象に残っていたようです。

　ヒロタカ君は地元の保育所に通っています。園でも，身振り・手振りで自分の思いを一生懸命伝えようとしているようです。それを見た園の先生は「身振りでこんなにもいろんなことを表現できるんですね」と感心して下さるそうです。

身振りで伝える②

(ト) タツヤ君（5歳）は，とても人なつっこくて，人と係わることが大好きです。お父さんのことを「ぱぱ」，バスのことを「ばー」，牛のことを「もー」，ブタのことを「ふがぁ」と言うようになりました。また，嫌な時には，首を横に振って「いや」と言います。しかし，これだけでは，まだまだ言葉が足りません。家では，水を飲みたい時には，胸に手を当てて「えへん」と咳をするそうです。また，テレビをつけて欲しい時には，握り拳をパッと開くそうです。その他にも，様々な身振りを自分で考え出して伝えようとするようです。

ある時，お母さんは，「通じないと，結構自分で考えるものですね」と感心されました。自分で身振りを作り出すタツヤ君もすごいと思いますが，その意味を読み取ることができるお母さんもすごいと思います。受け取ってくれる人がいるから，伝えようという気持ちが起きるのだと思います。

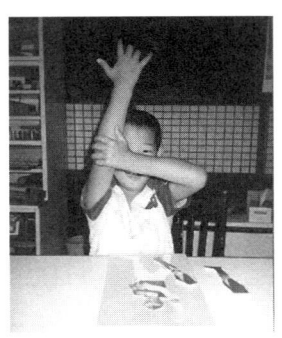

図15 "ウルトラマン"の身振りをする

身振りで伝える③

(サ) カオリちゃん（6歳）は言葉（音声）をかなり理解していますが，発語はほとんどありません。弟が生まれる時，しばらく施設で生活したことがあります。その時，担当の保育士さんが手話を教えてくれました。それで，カオリちゃんは手話を使って，自分の気持ちを伝えることができます。

カオリちゃんの手話は，手話の本から学んだものもあれば，保育士さんが考案したものもあります。例えば，弟は赤ちゃん指（小指）で，お母さんはお母さん指（人差し指）で表します。

図16 "木"の身振り

　カオリちゃんが自分で身振りを作り出すこともあります。例えば，木という漢字を，カオリちゃんは直立した姿勢で両手を左右に少し開いて表現するそうです（図16 参照）。

　お母さんも，手話の本を見て手話を学びました。ですから，カオリちゃんが施設から家に戻っても，お母さんとの間には手話を使って豊かな会話が見られます。

身振りと絵単語を使い分ける

　エイジロウ君（16歳）は，発語がありません。これまで，写真や文字や手話を使って，気持ちを伝える学習を重ねてきました。特に，手話の学習は楽しいらしく，自分でも新しい身振りを考え出して表現することがあります。

　しかし，エイジロウ君には手話で表現することが難しい事柄があります。（例えば，"デンシャ""ビョウイン"等）。そこで，手話で表現しにくい事柄を絵で表現できればと考え，絵単語（PIC）を導入しました。具体的には，エイジロウ君の身近な事柄に関する約20枚の絵を，一枚の厚紙に貼り，絵単語表を作りました（図17 参照）。

　絵単語表にある絵の意味を一通り教えた後，私がいくつかの単語を言ってみました。すると，「てれび」「でんしゃ」「びょういん」「れすとらん」等に対しては表の絵単語を指差して表わしましたが，「おふろ」「ねる」「のむ」等は手話で表現しました。エイジロウ君は手話で表現しやすい単語については手話を，手話で表現しにくい単語については絵単語を使うようです。

　後日，足の手術をしたエイジロウ君に「手術はどうだった？」と尋ねると，感情を表わす5〜6枚の絵単語の中から「こわい」の絵カードを指差しました（図18 参照）。また，家族で行った北海道旅行の感想を尋ねると，「すき」の絵カードを指差しました。これまで手話では表現しにくかった自分の感情も絵単語だと表現できるようです。

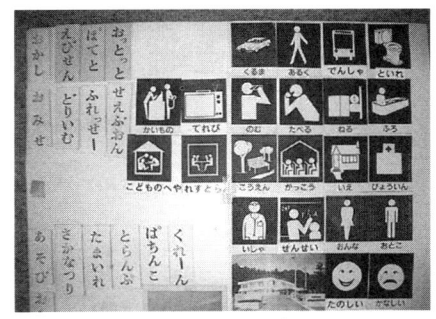

図17　絵単語表

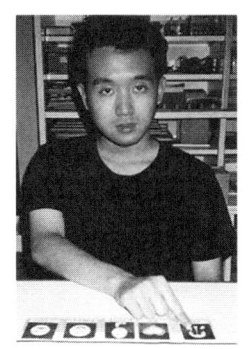

図18　感情を表わす絵単語を指差す

様々なコトバを使う（身振り・写真・手話・マカトンサイン）

　(ト) タツヤ君（14歳）は話したいことが沢山あって，自分で考え出した身振りを駆使して，何とか人に伝えようとしてきます。いつも，「こどものへや」に着くなり，片言の言葉に身振り手振りを交えて，いろいろ「話し」かけてきます。例えば，お母さんが車庫証明をもらいに警察に行ったことを，「ママ」と言ってから手首にかける身振りで"ケイサツ"を表現します。また，いとこのしいちゃんが熱を出したことを，小指で"シイチャン"を，額に手を当てて"ネツガデタ"ことを伝えます。

　この様に，タツヤ君は伝えようという意欲がとても旺盛です。タツヤ君はもっと多くのことを伝えたくて，これまでに身振り以外にもいろんなコトバを学んできました。

　例えば，「こどものへや」では，タツヤ君がよく使う玩具やよく行く場所の写真を1冊のファイルに入れておくようにしました。すると，タツヤ君はファイルの中から写真を指差して，遊びたい玩具や話したい場所の写真を指差すようになりました（図19参照）。早速，お母さんも写真を沢山撮って，家庭用の写真ファイルを作られました。食べ物に関しては，市販のカードブックを利用しています。

　また，手話のビデオを家庭に貸し出すと，タツヤ君はお母さんから"ホン""ハナ"などの手話を習いました（図20参照）。

　その後，養護学校（現特別支援学校）の先生がタツヤ君にマカトンサインを教えてくれました。マカトンサインは，手話をもとにして簡素化されたサインです。タツヤ君はこのサインも気に入ったようで，"ガッコウ""ヤスミ""ギュウニュウ"などの表現をすぐに覚えました。

　思いを伝えるコトバは話し言葉だけではありません。自作の身振りに写真・手話・マカトンサインなどが加わり，タツヤ君のおしゃべりは益々多彩になってきました。タツヤ君に合ったコトバを，これからも一緒に探していきたいと思います。

図19　写真を指差す

図20　"ホン"の手話

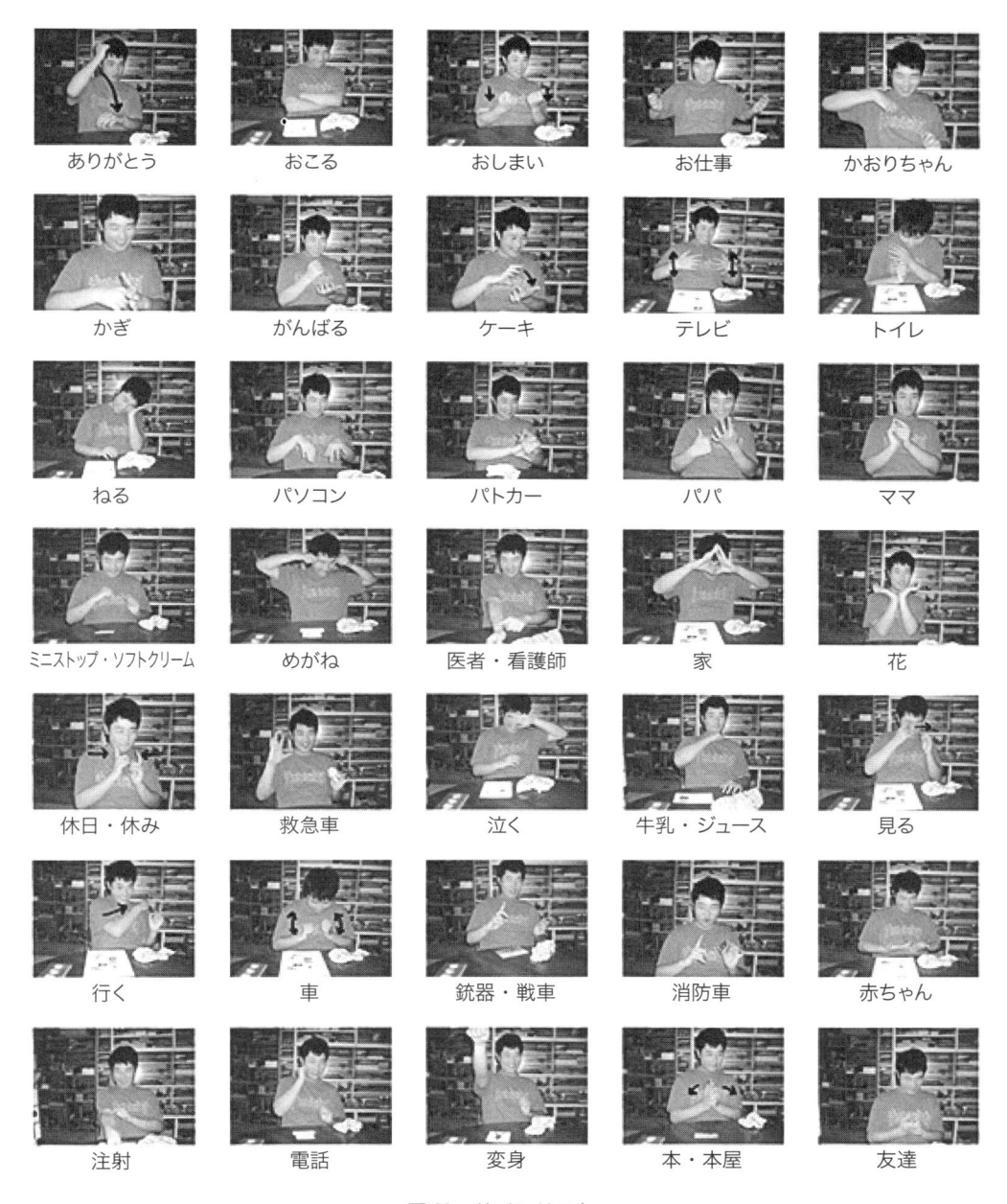

図21　サインリスト

スクラップブックを介してのやりとり

(ト) タツヤさん（27歳）は，話せる言葉は少なくても，身振り・手話・マカトンサイン・写真など様々なコトバを駆使して気持ちを伝えてくれます。これは，お母さんをはじめ周囲の人たちが，タツヤさんのコトバを丁寧に受け取り続けた結果だと思います。タツヤさんとお母さんとの細やかなやりとりを見て，担当のマナミ先生は次のように書いています*。「タツヤさんの身振りの意味を理解できないと，せっかくのコトバを取りこぼしてしまいますが，お母さんがタツヤさんの身振りを受け取り，言葉を添えていくことで会話がはずんでいきます。まるで二人三脚のように，タツヤさんとお母さんで言葉を紡いでいるように感じました」

また，マナミ先生はタツヤさんとの会話が弾むように，テレビガイドの切り抜きや好きな芸能人，よく行くお店やレストランのメニューなど，話題にのぼるものを中心に，写真をスクラップブックにまとめました（図22参照）。タツヤさんは毎回嬉しそうにページをめくり，そのとき話したい写真を見つけると，身振りなどを交えて伝えるようになりました。例えば，ラーメン屋さんの写真付きのメニューを見て，お父さんと食事に行ったことを思い出し，以下のように伝えてくれました。

（タツヤさん）左手の親指をゆびさし，パパを表現。
（マナミ先生）「パパとラーメン食べに行ったの？」
（母）「パパと2人だけで行ったんだよね」
（タツヤさん）「あっ！あっ！」と言いながら口の前で手を開き，"カライ"のサインを作る。
（マナミ先生）「辛いかな？」
（マナミ先生）（スクラップブックの）担々麺を指さし「これかな？」
（タツヤさん）「そうだ」というような表情。
（マナミ先生）「タッちゃんは何を食べたのかな？」
（母）「野菜がたくさん入ったのって言ってたよね」
（マナミ先生）（スクラップブックの）野菜ラーメンを指さし「これかな？」
（タツヤさん）「そうだ」というような表情

スクラップブックを使用することで，話のきっかけを作ることができ，身振りだけでは伝えきれない，より細かなやりとりをすることができました。

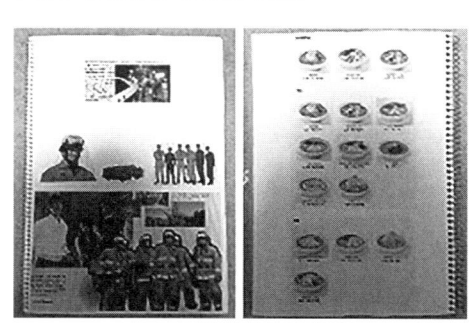

図22　スクラップブック

* 小竹利夫・小関真奈美（2018）「コトバが育つための援助」，障害児教育学研究，第18巻第1・2号．より転載

第 5 節　文　　字

文字を書いて伝え合う

　トモミちゃん（14 歳）は，言葉（音声）をかなり理解していますが，限られた場面でしか言葉を発しません。物や絵の名前を聞かれて言葉で答えることがあっても，自分の思いを言葉で伝えることはほとんどありませんでした。

　トモミちゃんがドライブを好むので，ご両親は週末になると車で遠出することにしています。この様な時，トモミちゃんが行きたい場所や食べたい物を伝えることはありませんでした。ところが，ある時，家の近くまで帰ってくると，車中で何やら「フンフン」と言ったので，お母さんが「なに？ラーメン？ハンバーグ？」と尋ねると，トモミちゃんは「ラーメン」と答えたそうです。そこで，ご両親は，トモミちゃんの要求に応じて，毎回食事をして帰るようにしたそうです。すると，トモミちゃんは，ドライブの帰りに食べたい物の名前を紙に書いて伝えるようになり，平日の買い物でも車に乗るとすぐに， いせや とか ヒタチヤ とか行きたい店の名前を紙に書くようになりました（図 23 参照）。その後，次第に文字を書くことは省略され，言葉だけで食べたい物や行きたい店を伝えるようになりました。

　この様に，トモミちゃんは文字や言葉（音声）で自分の思いを伝えるようになりました。トモミちゃんの言いたいことを徹底して受け入れてきたご両親の姿勢が，トモミちゃんの文字や言葉を引き出したのだと思います。

　しかし，トモミちゃんが自分の考えを伝えるようになるにつれて，ご両親の考えと衝突することも多くなりました。その様な時，お母さんはトモミちゃんが納得する様々な工夫を模索されました[*]。その一つに，お母さんの予定を文字に書いて伝えることがありました。ある日，トモミちゃんは先ずマクドナルドに行き，次にいなげやに行く予定でした。ところが，近くに住むおばあちゃんから「いせやまで車で送って欲しい」との電話がかかりました。予定通りにいかないと，トモミちゃんはパニックを起こすことがあります。予定の変更を言葉で言っても，トモミちゃんにはなかなか伝わりません。そこで，お母さんは紙に おばあちゃん→いせや→マクドナルド→いなげや と大きく書いて，予定の変更を説明したそうです。すると，トモミちゃんは怒らずに，おばあちゃんの買い物を済ませてから，自分の買い物に行ったそうです。予定の変更を文字で伝えたのが良かったのだと思います。

図 23　店の名前を書く

[*]　「相手に合わせる」p. 4. 参照

様々なコトバで伝える

(サ) ユウキ君（6歳）は，電話帳を見るのが好きです。特に病院やホテルや会社の広告が好きで，電話帳の広告を指差して文字やマークを書いてくれと要求します。お母さんや私は，その要求にできるだけ応じるようにしてきました（図24参照）。その結果，ユウキ君は自分の要求をもっと詳しく伝えたくて，身振りや文字や言葉（音声）等様々なコトバを使い始めました。

ある日，お母さんから次のような話を聞きました。「最近，幼稚園から帰ると，バスの中から見た看板や広告の文字やマークを書いてくれ，としつこく要求します。ユウキが人差し指2本を合わせて山の様に型作り，更に舌を水平に出すので，⌂ のマークだと分かりました。しかし，どうしても名前が分からず，ユウキに『書いて』と言って鉛筆を渡すと，山という字をそれらしく書きました。それで，ようやく山一ということまで分かり，電話帳で山一のページを開いて見せると，ユウキはその中の山一産業運輸を指差しました」

同じ日に，「こどものへや」で，ユウキ君は電話帳の動物病院の文字とマーク（図25参照）を指差して私に書いてくれと要求しました。私が文字とマーク十を書くと，ユウキ君は「わんわんわん」と言って犬の絵も要求しました。続いて，電話帳の民間救急自動車の文字と絵（図26参照）を指差して要求しました。私が文字だけを書くと，ユウキ君は車を運転する身振りを型作って車の絵も要求しました。

この様に，ユウキ君は身振りや文や言葉（音声）等様々なコトバを駆使して，自分の思いをなんとか伝えようとするようになりました。受け取る人がいることが伝えたいという気持ちを生み，伝えたいという気持ちが様々なコトバを生み出すのだと思います。

図24　電話帳を指差して要求する

図25　動物病院の広告

図26　民間救急自動車の広告

文字を指差して伝える

　ショウヘイ君（9 歳）はとても社交的で，歌をうたったり，最近の出来事を話したりしてくれます。しかし，発音がはっきりしないため，言いたい事が伝わらないことが時々あります。

　ある日，ショウヘイ君は勉強を始める前に歌をうたってくれました。私は何の歌か分からず，「学校の校歌？」などと尋ねました。ショウヘイ君は首を横に振り，題名を繰り返し言い続けました。それでも分からない私は，たまりかねて平仮名 50 音表を呈示し，「ショウちゃん，何？」と尋ねてみました。すると，文字を覚えたばかりのショウヘイ君は，50 音表の中の りくえ の文字を探して指差しました。私が「涙のリクエスト？」と言うと，大当たりだったらしくショウヘイ君は嬉しそうに頷きました。

言葉（音声）が添えられた単語カードを選んで伝える

　エイジロウ君（12 歳）は言葉を良く理解していて，「～を持って来て」とか「～を～に片付けて」といった指示に従うことができます。しかし，発語は全く無く，言葉による質問に対して，答える術を持ち合わせていませんでした。例えば，「何をしたい？」，「どこへ行きたい？」と尋ねても，エイジロウ君は「ぱっ」と言うだけです。

　エイジロウ君の思いを聞き出す為に，写真を使った時期がありました。しかしその後，写真では表現しきれない程，エイジロウ君の行動は広がりました。エイジロウ君は，まだ全ての文字を理解していませんが，平仮名文字を学習中です。そこで，学習中ではありますが，文字を書いた単語カードを使って尋ねてみることにしました。

　具体的には，私が単語カードを何枚か呈示して，一枚ずつ代読してから，「何をする？」と尋ねるようにしました。私が読むことで，エイジロウ君は単語カードの意味を理解することができました。エイジロウ君は，すぐに単語カードを一枚指差して選ぶようになりました（図 27 参照）。質問の内容は， べんきょう おみせ すべりだい たまいれ おしまい 等です。また，エイジロウ君が おかし のカードを選択した時には，続いて更に細かく， おっとっと えびせん ぽてと ちょこ 等の単語カードを並べて，お菓子の種類を尋ねることもありました。

　この様にして，言葉に単語カードを添えて尋ねることで，それまで言葉による質問に答える術を持たなかったエイジロウ君が，考えを伝えることができるようになりました。

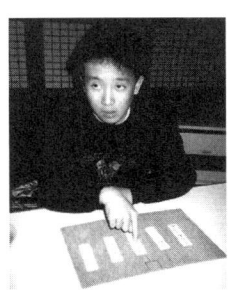

図 27　単語カードを指差して伝える

文字を書いて伝える①

　リョウスケ君（13歳）は，言える言葉はまだ少しですが，自分で考え出したユニークな身振りを沢山持っています。そんなリョウスケ君には，これまで手話や指文字を教えてきました＊。それと併行して，文字の勉強も続けてきました。最近では，机の上に指で文字を書いたり，紙に文字を書いたりして，文字で気持ちを伝えることも見られるようになりました。

　ある日，リョウスケ君は「こどものへや」で勉強をしていた時，いろんな声が出るトーキングカードを身振りで要求しました。私がカードを渡すと，100枚以上あるカードをパラパラと見て，"ナイ"の身振りをして探し続けました。その時机の上に指で文字らしきものを書いたので，紙とマジックを渡しました。すると，あんぱん…　と書きました（図28参照）。私は「あぁ，アンパンマンのカードね！」と言って差し出しましたが，リョウスケ君は納得しませんでした。思い当たるカードをいろいろ差し出してみましたが，どれも違うらしく首を横に振りました。もしかして太田市に開店したばかりのスーパーイオンのカードかと思い差し出してみると，ようやく「うん！」と頷いて笑顔を見せました。この時，お母さんが「あぁ，分かりました！　この間イオンに行って，アンパンマン号に乗りました。さっきの文字は『あんぱんまん』ではなく，『あんぱんごう』と書いたようです」と言われました。よく見ると，濁点は抜けていましたが確かに あんぱんこう　と書いてありました。

　この様に，リョウスケ君は文字を書いて気持ちを伝えるようになりました。まだ，自在には文字を書けませんが，リョウスケ君の文字を周囲が受け取り続けることで，もっといろんな気持ちを文字で書くようになると思います。

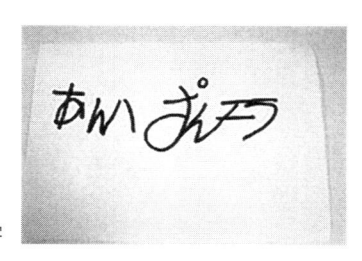

図28　リョウスケ君が書いた文字

＊　「気持ちを汲み取り，代弁する②」p. 9. 参照

ＹＥＳ・ＮＯ反応

　エイジロウ君（15歳）は言葉（音声）を良く理解していますが，言葉を発することはありません。また，言葉による質問に対して，YESなのかNOなのか答える術を持ち合わせていません。例えば，「ジュース飲みたい？」と尋ねても，「ジュースいらない？」と尋ねても，いずれの質問に対しても「ぱっ」と言うだけです。

　エイジロウ君の思いを聞き出す為に，言葉に単語カードを添えて質問するようにしたところ，エイジロウ君は単語カードを選んで思いを伝えるようになりました＊。

　同じ方法で，`のむ` `のまない`，`いく` `いかない` 等と書いたカードを対呈示して，言葉で質問するようにしたところ，エイジロウ君はいずれかのカードを指差して答えるようになりました。その後，カードの代わりに手を差し出して言葉で質問するようにしても，いずれかの手を指差して答えるようになりました。例えば，私が左手を出して「食べる」，右手を出して「食べない」と質問すると，エイジロウ君は私の左手を指差して食べたい思いを伝えました。この様にして，エイジロウ君なりのYES・NO反応が成立しました。

* 「言葉（音声）が添えられた単語カードを選んで伝える」p.39. 参照

言葉（音声）が添えられた単語カードや指を選んで伝える

　シンヤ君（14歳）は，とても無口です。シンヤ君の言葉を聞きたくていろいろ尋ねても，シンヤ君は口を固く閉ざしてしまいます。そこで，言葉に単語カードを添えてシンヤ君に尋ねるようにしました。例えば，ある時お母さんの姿が見えなかったので，私は「お母さん，どこに行ったの？」と尋ねながら，紙に店の名前を次々と書いていきました。シンヤ君はそれを見て首を横に振り続けましたが，私が紙に `いいずか` と書いた時，その紙を指差しました（図29参照）*。

　その後，シンヤ君は少しずつ言葉で答えるようになってきましたが，知らない人達の前などではまだ黙ってしまいます。ある日，「こどものへや」で夕食会があり，沢山の親子が参加しました。一人で参加したシンヤ君にお父さん方が「何を食べたい？」「何を飲む？」等と質問しましたが，シンヤ君は黙ってうつむいたままでした。そこで，私が指を1本ずつ立てながら「うどん」「おにぎり」「やきにく」等と尋ねていくと，「やきにく」と言った時，シンヤ君は私のその指を差しました（図30参照）。この様なやり方で，シンヤ君も皆の会話に参加して，楽しい夜を過ごすことができました。

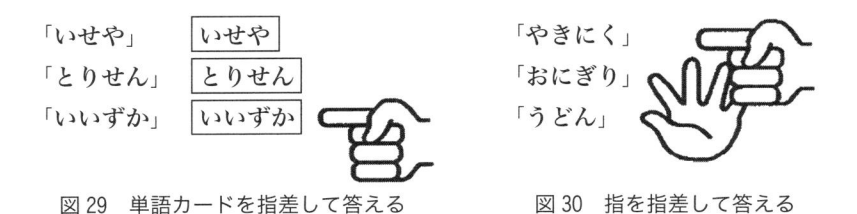

「いせや」	いせや		「やきにく」
「とりせん」	とりせん		「おにぎり」
「いいずか」	いいずか		「うどん」

図29　単語カードを指差して答える　　　図30　指を指差して答える

* 「文字を支えにして言葉（音声）を話す②」p.51. 参照

言いにくい事を文字で伝える

　ある時「こどものへや」に人形劇への招待の誘いがきました。エイコちゃん（12歳）にパンフレットを見せて「行く？行かない？」と尋ねると，エイコちゃんはお母さんの顔色を伺いなかなか決心がつきませんでした。そこで，私は2枚の紙にそれぞれ `いく` `いかない` と書いて差し出し，再度尋ねてみました。すると，エイコちゃんはすぐに `いく` と書いた紙を指さしました。同じ日に，クレヨンを欲しいかどうか尋ねた時も，逡巡してなかなか決められませんでした。この時も，私が紙に `ほしい` `いらない` と書くと，`ほし`

い と書いた紙を指さして思いを伝えました。エイコちゃんは，オセロが大好きです。ですから，「オセロする？しない？」といった問いには，言葉（音声）ではっきりと「する」と答えます。しかし，迷った時は，文字の方が気持ちを伝え易いのだと思います。

シホちゃん（7歳）はタイルを数える勉強をしていた時，何やら指で机に書きました。私が「何？」と尋ねると，シホちゃんは恥ずかしそうにお母さんの顔を見ました。私がすかさず紙を渡して「書いて」と言うと，シホちゃんはその紙に トイレ と書きました。シホちゃんは，普段は言葉で「といれ」と言いますが，この時は勉強の真っ最中だったので言い出しにくかったようです。

私の娘，アヤネ（6歳）も，言いにくい事を文字にして伝えることがあります。アヤネはアニメが大好きで，何度も「ビデオ，見てもいい？」と言っては親に叱られています。ある時，ビデオを見たかったアヤネは，私に手紙を書いてよこしました。中を開くと び でおみてもいいですか と書いてありました。それを読んだ私は，苦笑して渋々許可しました。

そういえば，私も直接言いにくい事は手紙で済ませることがよくあります。

文字を書いて伝える②

(サ) ユウキ君（8歳）は，電話帳を通して文字を書くことを覚えました。最初は町で見かけた看板などを電話帳で探して書くことが中心でしたが，その後，行きたい場所や食べたい物などの名前を書いて伝えるようになりました。例えば，ある時，ユウキ君が「こどものへや」に浅田飴を持って来たことがありました。お母さんに尋ねると，「ユウちゃんに『どこに行きたい？』と尋ねたら，紙に Kパワー 浅田飴のどあめ と書きました。それで，Kパワーのお店に連れて行ったら，浅田飴を買いました」と話して下さいました。他にも，行きたい場所を カラオケ ボーリング りんどう湖 等と書いて伝えることもあるそうです。これらの文字をユウキ君は電話帳や町で見かけた看板や道路地図などを通して覚えました。

その後，ユウキ君は，言葉で言えない自分の気持ちを，文字を使って自由に表現するようになりました。例えば，お母さんが「ユウちゃん，ママのこと好き？」と独り言の様につぶやいていたところ，それを聞いたユウキ君は紙に 大好き と書いて見せに来たそうです。また，夏休みにお父さんの実家に帰った時，おじいちゃんやおばあちゃんから質問攻めにあったユウキ君が，紙に うる星やつら と書いたので，皆で大笑いしたそうです。

この様に，行きたい場所や食べたい物だけでなく，人に対する気持ちも文字を使って表現するようになりました。きっかけは電話帳でしたが，ユウキ君の文字の世界は生活に根差して着実に広がってきています。

単語カードを選んで伝える

勉強を終えたシホちゃん（7歳）に私が「何かして遊ぶ？」と尋ねると，シホちゃんは嬉しそうに「うん」と言いました。しかし，「何をする？」との問いには，迷ってなかな

か答えられませんでした。側で見ていたお母さんは笑いながら「お店に行ってもなかなか決まらなくて，いつも叱られるんですよ」と教えて下さいました。そこで，私は3枚の紙にそれぞれ たまいれ かるた かえる と書いて差し出し，もう一度「何をする？」と尋ねてみました。すると，今度はすぐに かるた と書いた紙を指さしました。

　多くの中から選ぶよりも，選択肢がある程度限られた方が答え易いのだと思います。

文字を書いて伝える③

　アイちゃん（7歳）は文字を少しずつ書けるようになりました。すると，まだ言葉で言えない自分の気持ちを，文字を書いて伝えるようになりました。

　ある日，ドラえもんの絵を貼り付けた木箱を，その口の部分を細長く切り抜いて，食べ物の絵カード表と一緒に呈示しました（図31参照）。アイちゃんはこの教材をすぐに気に入ってくれました。私がドラえもんに代わって「カレーライス食べたいよ」と言うと，アイちゃんはカレーライスの絵カードをドラえもんの口から木箱に入れました。この様なやりとりをしながら，表にある全ての絵カードを木箱に入れました。

　10分程経過した頃，アイちゃんは教材棚から別の絵カードの表を持ち出し，何やらキョロキョロ探し始めました。そして，紙と鉛筆を見付けると，紙に ドラえもん と書きました（図32参照）。それを見たお母さんが「さっきのドラえもんの箱ですよ！」と教えてくれました。私が机の下に片付けてあった箱を取り出すと，アイちゃんは持ち出した絵カード表の中から食べ物の絵カードを選んで木箱に入れました。

　アイちゃんは，家でも文字を書いて要求を伝えることがあるそうです。大好きなプールに行きたい時は，紙に ぷーる　ぷーる　ぷーる　ぷーる…… と書き連ねて訴えるのだそうです。また，紙と鉛筆が無いと，自分のおなかやお母さんの手に指で文字を書くそうです。

　アイちゃんの書く文字は，言葉にもまして説得力があります。

図31　ドラえもんの木箱と食べ物の絵カード表

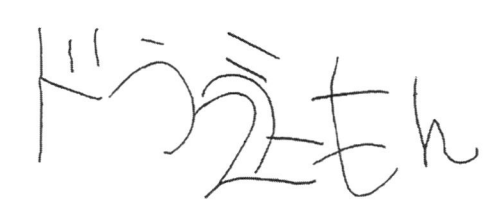

図32　アイちゃんが書いた文字

文字を書いて「おしゃべり」をする

リョウスケ君（14歳）は，発語が少なくても，自分で考え出した沢山の身振りや手話・指文字を駆使して気持ちを表現し，とてもおしゃべりな印象を人に与えます。

その後，リョウスケ君は文字を書いて気持ちを伝えるようにもなりました。覚えた文字を紙に書き連ねて表現するのですが，お母さんは行間ならぬ文字間を読み取って，上手に翻訳してくれます。例えば，リョウスケ君が紙に トーマスランド，ぱぱ，600，カメラ，くるま，おうち などと書き連ねると，お母さんは「トーマスランドに6時に起きてカメラを持ってパパの車でおうちを出発するのね」などと代弁します。

ある日，「こどものへや」で勉強を終えたリョウスケ君が紙に ヒテオ，トラえん，おうち，りようすけ などと書き連ねました（図33参照）。その日はお母さんが不在だったので，私がお母さんにならって「今日はドラえもんのビデオを借りて帰って，おうちで見るんだね」と代弁しました。気持ちが伝わって満足したのか，いつもはなかなか帰らないリョウスケ君が，この時は素直にビデオを借りて握手して帰っていきました。

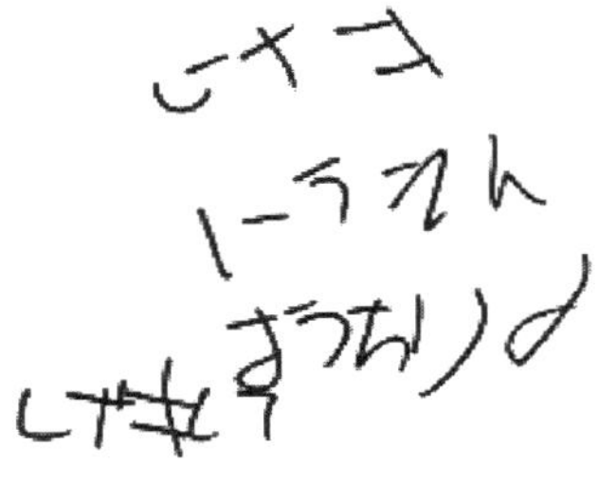

図33　リョウスケ君が書き連ねた文字

文字を書いて伝える④

ある日，リュウスケ君（7歳）は家から大きな合体ロボットを持って「こどものへや」にやってきました。それはテレビで放映中の「ボウケンジャー」のロボットで，10台の乗り物が合体して一つのロボットに変身します。お母さんの話では，最近10番目の乗り物を買ってもらいロボットが完成したので，「先生に見せる」と言って持ってきたそうです。乗り物一つ一つに名前が付いているので，私はロボットの背中を指して10番目の乗り物の名前を尋ねてみました。リュウスケ君は「ゴーゴー……」と繰り返し教えてくれたのですが，発音がはっきりしないので，私もお母さんも後半部分が聞き取れませんでした。そこで，文字が書けるリュウスケ君に，紙と鉛筆を渡して「この乗り物の名前を書いて」と頼みました。すると，リュウスケ君は じぜっと と書きました（図34参照）。それを見て，私もお母さんも「あぁ，ゴーゴージェットね！」とすぐに分かりました。確かにそれはジェット機の形をしていました。

図34　リュウスケ君が書いた文字

　リュウスケ君が書いてくれた文字は完璧ではありませんでしたが，意味が伝わったのでこれで十分です。言葉や文字を使って気持ちが伝わる経験を重ねて自信がつくと，言葉も文字もどんどん上手になっていくと思います*。

* 　現在20歳になったリュウスケ君は車の免許を取得し，パジェロミニを運転して会社が休みの週末に，「こどものへや」に来るようになりました。

文字を書いて伝える⑤

　マキちゃん（17歳）は学校ではあまり話をしないそうですが，「こどものへや」では身振りも交えて盛んに話しかけてきます。

　この日も，勉強の合間に，学校であった出来事などを片言の言葉と身振りで伝えようとしてきました。例えば，「カオリちゃん」と言って泣き真似をして，「マキ」と言って耳をふさいでみせました。すかさず，お母さんが「今日学校でクラスメートのカオリちゃんが泣いたので，マキはうるさかったのね」とマキちゃんの言わんとすることを代弁して下さいました。さすがにお母さんはマキちゃんの気持ちがよく分かります。

　しかし，マキちゃんの発音がはっきりしないので，お母さんでも聞き取れないことがあります。この日も，お母さんが「先日，養護学校（現特別支援学校）の同窓会でカラオケに行きました。マキは『アイアイ』や『アンパンマン』を歌いました」と話すのを聞いて，マキちゃんは何やらぶつぶつ言いました。しかし，お母さんも私も何を言っているのか分かりませんでした。すると，お母さんは「書いて」と言って鉛筆と紙をマキちゃんに差し出しました。マキちゃんがその紙に しわせたたこ と書くのを見て，お母さんは「あぁ，『しあわせなら手をたたこう』も歌ったね！」とすぐに理解されました。

　次に来た時にも，同様な出来事がありました。その日の勉強を終えて，マキちゃんは私の背後のある棚を指さして何やらぶつぶつ言いましたが，私には何を言っているのか理解できませんでした。そこで，お母さんにならって紙とマジックを差し出し「書いて」とお願いしました。すると，マキちゃんは紙に あんぱまん と書きました（図35）。それを見て，前回見たアンパンマン図鑑を要求していることに気が付きました。

　書いた文字は完璧ではなくても，これで意味は十分伝わります。気持ちが通じて，マキちゃんはうれしそうでした。

　　図35　マキちゃんが書いた文字

文字で伝える工夫

　トモキ君（9歳）は話せる言葉はまだ少しですが，文字はたくさん覚えました。最初は，見本に合わせて文字タイルを並べて単語を構成したり，文字をなぞったり，単語カードを

選んだりしました。今では，多くの物の名前を見本無しで構成したり，書いたりできるようになりました。

　最近は，文字キーを押すとその文字と音声が出るトーキングエイド（図36参照）を気に入り，「こどものへや」や学校で好きな単語を打っています。例えば，おしまい チョコおべんきょう などと平仮名やカタカナで打ったり，NHK END TOSHIBA SONY などとアルファベットを打ったりします。

　家にもトーキングエイドがあると良いのでしょうが，とても高価なものなので個人で購入するのは大変です。そこで，平仮名文字しか表示できないのですが，電子辞書（図37参照）を「こどものへや」で試してみました。操作はすぐに理解して，好物の海苔を食べ終えて のりおしまいおわり と打ったり，きゅーぴ などと好きな言葉を打ち出したりしました。また，ジュースの絵を指差して欲しそうにしていたので，私が「打って」と言うと じゅーすぶどう と打ちました。その様子を見ていたお母さんは，早速同じ電子辞書を家庭で購入されました。トモキ君は，その電子辞書に こどものくに などと打って気持ちを伝えることがあるそうです。

　また，家では，お絵かき帳とペンを置いておくと，時々 くるま ローソン などと書くことがあるそうです。紙とペンがない時は，指に唾をつけてお母さんの腕に食べたい物や欲しい物の名前を書くこともあるそうです。

　トモキ君は，様々な道具を使って文字で気持ちを表現できるようになりました。それに伴って，以前のように大きなパニックを起こすことはほとんど無くなりました。

図36　トーキングエイド　　　　図37　電子辞書

第6節　言葉（音声）

初めての言葉（音声）

　お母さんがマキちゃん（4歳）の発する声を真似るようにしたところ，マキちゃんは沢山の声を出すようになりました*。その後，マキちゃんの発声は日増しに活発になっていきましたが，はっきりとした言葉（音声）にはなかなかなりませんでした。

　それから丁度1年が経過した日に，お母さんは来所するなり「今朝，マキがお兄ちゃんの茶碗のアンパンマンの絵を見て，早口で『あんぱんまん』と言いました。親の欲目かもしれませんが，私にはそのように聞こえました」と話して下さいました。早速，私がマキ

ちゃんにアンパンマンのはめ板や絵カードを見せたところ，マキちゃんはそれを見て早口ですがはっきりと「あんぱんまん」と繰り返し言いました。マキちゃんの始語は，「ぶ, ぶ」とか「ま, ま」ではなく，いきなり「あんぱんまん」でした。

　しかし，初めて覚えた「あんぱんまん」という言葉を，マキちゃんは1ヶ月後には全く言わなくなっていました。家や園で何度も言わせたのが，良くなかったようです。言葉を話すということは，子どもにとってとても難しく，大変なことです。ですから，何度も言わされたり，ましてや言い直しさせられたりすると，子どもは話す意欲を失ってしまいます。

　幸い，半年後に，マキちゃんは「あんぱんまん」と再びはっきり言うようになりました。

* 「子どもの発声を真似る②」p.7. 参照

市販の「おしゃべりあいうえお」を使って会話をする

　アイちゃん（6歳）は，平仮名文字を少しずつ覚え始めました。初めは，50個のタイルに50の平仮名文字を貼り付けた50音表を作製し，その文字タイルを並べて単語を構成する勉強をしました。その後，文字キーを指で押すとその文字の音が出る「おしゃべりあいうえお」という市販の玩具を使って単語を作る勉強に移りました。家でもアイちゃんの誕生日に市販の「おしゃべりあいうえお」（図38参照）を購入しました。アイちゃんは好きな単語やフレーズを，例えば「の, ん, た, ん, げ, ん, き」の様に，見本が無くてもすらすらと文字キーを押して音を組み立てるようになりました。

　アイちゃんの発語は少しずつ増えていますが，日常で使える言葉はまだわずかです。代わりに，アイちゃんは「おしゃべりあいうえお」を使って，気持ちを伝えたり，挨拶をしたりするようにもなりました。例えば，朝起きてきたアイちゃんに家族の皆が「おはよう」と言うと，アイちゃんは「おしゃべりあいうえお」を使って「お, は, よ, う」と答えるそうです。また，お母さんがドライヤーで髪をかわかしていると，側に来て「おしゃべりあいうえお」を押して「う, る, さ, い」と伝えるのだそうです。

　その後，アイちゃんは，「おしゃべりあいうえお」の調子を真似て，「お, い, し, い」「ぷ, う, る」等と声を出すようになりました。また，少しずつ文字も書くようになりました*。言葉を発したり，文字を書いたりすることが増えてくるにつれて，「おしゃべりあいうえお」を使って会話することは減っていきました。

図38　「おしゃべりあいうえお」

* 「文字を書いて伝える③」p.43. 参照

文字に変換して言葉を言う

(サ) ユウキ君（9歳）は，電話帳を通して文字を書くことを覚えました。初めは漢字が中心でしたが，その後カタカナ文字や平仮名も覚えました。

ユウキ君は，今では文字を書いて自分の気持ちを自由に表現するようになりました*。ある時，お気に入りの病院の名前や住所を漢字でスラスラと書いて私に見せました（図39参照）。私が読んであげると，嬉しそうに笑いましたが，自分では言いません。漢字は多様な読み方があるので，書けても読めないのではないかと思い，漢字に読み仮名をふってあげました。すると，ユウキ君は「ぐ，ん，ま，け，ん，お，お，た，し，な，り，づ，か」と1音ずつ区切りながら読みました。以後，自分でも漢字に読み仮名を付けるようになりました。この様に漢字に読み仮名を付けることで，これまで書くだけだった漢字も言葉にして言うようになりました。

そんなある日，お母さんは「最近，文字を書かないで，言葉で伝えることが多くなりました」と言われました。確かに，ユウキ君は，文字が無くても言葉を言うことが増えてきました。例えば，トイレに行く時に「と，い，れ」，時計の絵を書いて「と，け，い」等と自分から言うようになりました。1音ずつ区切って言うのは，ユウキ君が頭の中で一旦文字をイメージして，それを読んで言葉に出しているからではないでしょうか。苦手な言葉（音声言語）を得意な文字に変換して，その文字を仲立ちとして言葉に出しているのだと思います。

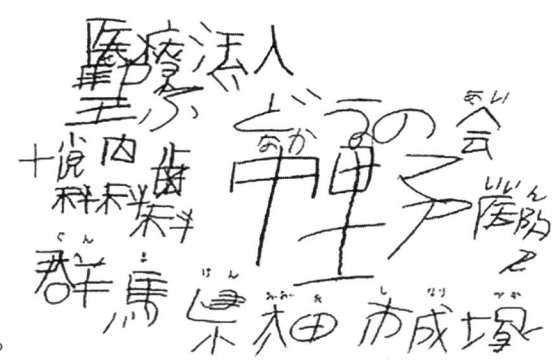

図 39　書いた漢字に読み仮名を付ける

* 「文字を書いて伝える②」p. 42. 参照

文字が発語を助ける①

市の保健センターで実施している発達相談で，マサヒト君（5歳）に初めて出会いました。その時は言葉（音声）はほとんど聞かれませんでしたが，虫のカードの文字を指差して「ア，ア，ア，ア」と声を出すことがありました。お母さんは「どれだけ知っているか分かりませんが，文字を少しは分かるようです。大好きな虫の図鑑を見ているうちに一人で覚えました」と話して下さいました。

その後，マサヒト君は保健師さんの紹介で「こどものへや」に通い始めました。様々な文字教材を通して，マサヒト君が平仮名文字のみならずカタカナ文字も良く知っているこ

と，また，単語のみならず短い文でも意味を良く理解できることが分かりました。マサヒト君は虫やロボットの本を見ながら，文字を指差して盛んに声を出します。文字を指差して声を出すことは以前からありましたが，最近ははっきりと言葉らしき声を出すことが増えてきました。長い単語や文になると聞き取りにくくなりますが，短い単語なら「あ，り」「ね，こ」「た，ま，ご」などとはっきり言います。

　文字が無くても言える言葉は増えてきていますが，文字があると自分から積極的に声を出すようになりました。家では TV 画面の文字を指差して読むようになったそうです。明らかに，文字がマサヒト君の発語を助けています。

文字が発語を助ける②

　カナちゃん（6歳）は，独り言を沢山言います。一方，質問に言葉（音声）で答えたり，自分の要求を言葉で伝えたりすることは，ほとんどありません。

　カナちゃんは，平仮名文字をいくつか読めますが，ほとんどの文字をまだ読めません。「こどものへや」で，カナちゃんは独り言を言いながら，食べ物の絵のはめ板（図40参照）や食べ物の名前の文字合わせ（図41参照）等の課題に熱心に取り組みます。図40の様に，絵だけだとその名前を尋ねても答えることはありません。図41の様に，絵に文字が付いていると，「り，ん，ご」「た，け，の，こ」といった具合に，文字を指差しながら1音ずつ区切ってその絵の名前を正しく言うことがあります。しかし，| と || ま || と | という文字を見て，「み，か，ん」と違った名前を言うこともあります。

　「こどものへや」でのその様な姿を見て，お母さんは家のトイレの入り口に平仮名50音のポスターを貼って，トイレに入る前に文字を指差して「お，し，つ，こ」「う，ん，ち」「お，し，り」と教えたそうです。これは，カナちゃんに排泄を知らせて欲しくて，お母さんが考え付いたものです。カナちゃんは，すぐに，自分でそれらの文字を指差して言葉を言ってからトイレに入るようになったそうです。

　カナちゃんは，文字は音と対応していること，文字を組み合わせて名前ができることが分かっているようです。ですから，カナちゃんにとっては文字があることが言葉を言う助けになるのだと思います。

図40　食べ物の絵のはめ板

図41　食べ物の名前の文字合わせ

文字が発語を助ける③

アイちゃん（6歳）は，文字を少しずつ読めるようになりました。発語はまだ少ないアイちゃんですが，文字があるとそれらしく発語するようになりました。例えば，見本の文字に合わせて文字タイルを重ね置きながら（図42参照），「ね，こ」とか「ど，ら，え，も，ん」等と1音ずつ区切って言うようになりました。

その後，アイちゃんは，市販の「おしゃべりあいうえお」を使うようになり*，更には文字を書くようにもなりました**。文字を覚え始めてしばらくすると，文字キーを押したり，文字を書いたりしながら，1音ずつ区切って音を出すようになりました。その後，文字が無くても，「あ，り，が，と，う」「い，つ，ぱ，い」等と1音ずつ区切って言葉を言うことが増えました。この様な時も，頭の中に文字を思い浮かべて，それを読むようにして言葉に出しているのだと思います***。アイちゃんにとっては，文字があることが言葉を言う助けになっています。

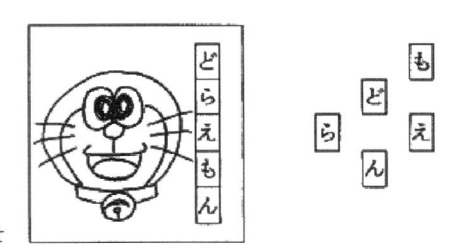

図42　文字の見本合わせ

* 「市販の『おしゃべりあいうえお』を使って会話する」p. 47. 参照
** 「文字を書いて伝える③」p. 43. 参照
***「文字に変換して言葉を言う」p. 48. 参照

文字を支えにして言葉（音声）を話す①

ショウヘイ君（9歳）は平仮名文字を読めるようになりました。簡単な言葉（音声）を話しますが，言えない言葉はまだ沢山あります。

ある時，指人形で遊んでいたショウヘイ君は，アンパンマンの指人形を指して何やら言って訴えました。私もお母さんも何の事か分からず困りました。平仮名50音表を呈示して尋ねてみましたが*，要領を得ません。しばらくして，お母さんが「貴乃花？」と尋ねると，ショウヘイ君は頷きました。たまたま手元にあった大相撲力士名鑑を私が見せると，しっかりと貴乃花の写真を指差しました。ショウヘイ君は大好きなアンパンマンを貴乃花に見立てて，相撲を取らせたかったのでした。ショウヘイ君は関取の名前をまだ言えないので，私が紙に たかのはな と書いてあげると，その文字を読んで「た，か，の，は，な」と呼び出しました。続いて，ショウヘイ君は指人形と力士名鑑の写真を交互に指差して，バイキンマンを若乃花に，ジャジャマルを曙に，ピッコロを武蔵丸に見立てることを示しました。それらの名前も紙に書いてあげると，ショウヘイ君はその文字を読んで各人形を呼び出し，相撲を取らせました。

ショウヘイ君は耳で聞いただけでは言えない言葉を，文字を読むことで言葉にすること

ができました。ショウヘイ君は関取の名前のカードを大事に家に持って帰りました。お父さんによれば，持って帰った名前のカードをショウヘイ君は毎日読んでいたそうです。次に来た時には，関取の顔写真を見ただけで全て名前を言えるようになっていました。

図43　指人形で遊ぶ

* 「文字を指差して伝える」p.39. 参照

文字を支えにして言葉（音声）を話す②

　シンヤ君（11歳）は，とても無口です。シンヤ君の言葉を聞きたくて質問しても，口を固く閉ざしてしまいます。そんなシンヤ君も，遊んでいる時はリラックスできるのか，大きな声を出すことがあります。

　シンヤ君は，文字や数字を読むことも書くこともできます。声を出して読むことは緊張するようですが，文字や数字があった方が声は出しやすいようです。そこで，シンヤ君に対する質問は，言葉だけでなく文字や数字を添えるようにしました。例えば，勉強を始める前に，活動を書いた単語カードを何枚か呈示して，「何をする？」と尋ねるようにしました。シンヤ君は，単語カードを1枚ずつ選んで，好きな順番に時間割り表に並べていくようになりました（図44参照）。そして，その日の勉強は，シンヤ君が決めた順に進めることにしました。単語の内容は，かけざん　おやつ　たまいれ　さくぶん　たしざん　おかね　等です。その後，お母さんの話にヒントを得て，わからない　の単語カードも含めて質問することにしました。

　また，ひらがな文字を書く学習の一つとして，文字を書いてしりとり遊びをしました。例えば，私が　かめ　と書くと，シンヤ君は続けて　めがね　と書きます。ことばのずかん「あいうえお」（あかね書房）を手元に置いておくと，自信が無かったり，単語が思いつかなかったりした時には，本を開いて調べるようになりました。家でも，シンヤ君が「しり

1			たしざん	かけざん	
2			ひきざん	たまいれ	
3		→	おかね	おやつ	
4			とけい	さくぶん	
5					

1	さくぶん
2	おかね
3	かけざん
4	おやつ
5	たまいれ

図44　シンヤ君が作ったある日の時間割表

とり」と言って要求したそうです。お母さんは，早速同じ本を買って，家族で文字を書いてしりとりを楽しんだそうです。その後，家では，文字を書かなくても言葉だけでしりとりができるようになり，おふろや寝床で楽しんでいるそうです。「こどものへや」でも，言葉だけでしりとりをしてみました。シンヤ君は，小さくてもはっきりした声で，いろんな単語を発してくれました。

卒業式を終えたある日，私が「4月から中学生だね。どこの中学に行くの？」と尋ねると，シンヤ君は小声ですがはっきりと「○○○○ちゅう」と答えてくれました。

目を見て話し掛ける

「視線が合わない」「話し掛けてもこちらを見ない」といった訴えをよく聞きます。しかし，人の目は本来怖いものと考えた方が妥当なような気がします。私も，知らない人にじろじろ見られると不安になります。その人が好きになって初めて，視線を受け入れることができるのだと思います。

ある時，ヨシミツ君（5歳）のお母さんから次の様な話を聞きました。「なるべくヨシミツの前に行って，目を見て話し掛けるようにしました。すると，しばらくして私の話を聞くようになり，質問にもちゃんと答えるようになりました。今では，離れた所から話し掛けても，答えてくれるようになりました」

ヨシミツ君はお母さんが大好きです。ですから，お母さんが顔を付き合わせて話し掛けた時，ヨシミツ君はお母さんの目や声を身近に感じて，嬉しかったに違いありません。

目を見て話すということは，土台にしっかりとした信頼関係があって初めて効果があるものと思います。

言葉（音声）を出すため文字を書く

サトミちゃん（10歳）は，人に何かを話そうとすると，ひどく吃る（ども）ことがあります。一方で，遊んでいる時や文字を読む時等には，吃ることはあまり見られません。

サトミちゃんは，勉強を始める前に，その日あった事を話してくれることがあります。ある日，サトミちゃんは「こどものへや」に来るなり「お，お，お，お…」と吃りだし，なかなか言葉が出てきませんでした。すると，自分で机の上に指で『おとうさん』と書きながら「おとうさん，きょうやすみ」と言いました。続いて「ヒロくん（弟），る，る，る，る…」と吃りました。すると，今度も，自分で机の上に指で『るすばん』と書きながら「るすばん」と言いました。それで，ようやく私は，「お父さんの仕事が今日は休みなので，ヒロ君（いつも一緒に来る弟）は留守番している」ということが分かりました。

それから2ヶ月後のある日，やはり勉強の前に，サトミちゃんは，ヒロ君とお母さんが買い物に行ったことを話してくれました。続けて，サトミちゃんは「るで」と言いました。その意味が分からず，私が「なに？」と聞き返すと，サトミちゃんは「るで」「るて」と4，5回繰り返して言いました。それでも，私に伝わらないと見ると，机の上に指で『あるい（て）』と書きながら，はっきりと「あるいて」と言いました。

　言葉が出にくい時，文字を書いて言葉を発することは，その後，度々見られるようになりました。お母さんの話によれば，家でも，鉛筆で字を書きながら電話で話をしたり，言葉が出ない時，指で字を書いて何とか言えたりしたことがあったそうです。

　言葉が出にくい時，サトミちゃんは文字を書いて，その文字を支えにして言葉を引き出すようになりました。サトミちゃんは，その様な工夫を自分で考え出しました。

色名を言う

　カズキ君（7歳）は，発語が少しずつ増えてきました。お母さんは，カズキ君の言葉を引き出そうと，いろんな物の名前を熱心に教えます。例えばNHKの番組「おかあさんといっしょ」の登場人物の名前を，お母さんは「ピ（ッコロ）」「ポ（ロリ）」「ジャ（ジャマル）」と，語頭の音だけを言って教えます。すると，カズキ君も真似て「ピ」「ポ」「ジャ」と言います。

　その後，カズキ君は人の発音を積極的に真似るようになってきました。「み，か，ん」「ばい，ばい」等，気に入った言葉は少し長くても状況に即して言えるようになりました。

　ある日，カズキ君は玩具の信号を気に入り，しばらくそれで遊びました。カズキ君が赤・青・黄色の信号を出すのに合わせて，私は「あか」「あお」「きいろ」と言葉を添えました。カズキ君も時々私の言葉を真似して色名を言いました。しばらくすると，カズキ君は黄色の信号を出して，私の顔を見て言葉を待ちました。私が「きいろ」と言うと，カズキ君は嬉しそうに笑いました。その後，他の色の信号に対しても，私やお母さんの手を引いて，その色名を求めるようになりました。しばらくすると，カズキ君は一人で信号を指差して色名を言うようになりました。カズキ君が初めて「あか」「あお」「きいろ」と一人で言ったので，お母さんも私も拍手喝采しました。褒められたことが嬉しかったのか，カズキ君はその後も何度か一人で信号を指差して色名を言いました。

　この様に，カズキ君が熱中していた遊びに言葉を添える中で，カズキ君はその言葉を自分でも言うようになりました。

言葉（音声）を使う

　(コ) マサヒロ君（11歳）は，言葉（音声）をかなり理解しています。発語については，YES・NOの返事を言葉で答えたり（例えば，「いく」「いかない」），歌の一部や人が言った言葉を真似して言ったりすることがあります。しかし，自分から言葉を発して伝えることはほとんどありませんでした。お母さんの話によれば，マサヒロ君は5～6歳頃までは，言葉をもっとはっきりと言っていたそうです。5歳当時のビデオの中で，マサヒロ君はカメラを持って「ハイポーズ」とはっきりした声で繰り返し言っていました。また，「アヤちゃん（妹），こっち向いて」などと長い言葉も言っていました。お母さんは「2語文が出てきた頃から言葉が減ってきましたが，かつて話していたので，どうしても言葉を引き出そうとしてしまいます」と語って下さいました。

　これまで，「こどものへや」では，マサヒロ君がより楽に思いを伝える手段として，写

真を選択してもらう方法を採ってきました。その結果，マサヒロ君は好きな時に手元のポケットアルバムを開いて，その中から写真を1枚取り出して伝えるようになりました*。

一方，絵や写真の見本合わせ（同じ物同士を合わせる）課題が上手になった頃，マサヒロ君の言葉の理解を調べてみました。すると，日常生活ではあまり耳にしない様な言葉でも，かなり良く知っていることが分かりました。その後，お母さんが顔の部位の名前を教えたところ，マサヒロ君は「おめめ」「おはな」「おくち」等と正しく答えるようになりました。また，写真や本人を見て，「お母さん」「お父さん」「アヤちゃん」と家族の名前を答えるようにもなりました。「こどものへや」でも，様々な物や写真や絵を見せて尋ねると，「すいか」「ケーキ」「はさみ」「ティッシュ」等と正しく答えるようになりました。この様にして，マサヒロ君は，「これは何？」「これは誰？」といった質問に対して，物や写真や絵を見てその名前を言葉で答えるようになりました。

その後，お菓子をいくつか並べて「何を食べる？」と尋ねてみました。すると，マサヒロ君はその中の一つに手を伸ばして，直接取って食べました。そこで，お菓子を引っ込めて，「何を食べる？」と尋ねてみました。マサヒロ君は，少し考えてから，「ポテト」とか「かっぱえびせん」と食べたい物の名前を言うようになりました。家でも，欲しい物を指差して，その名前を言葉で伝えることが時折見られるようになってきたそうです（例えば，「カレーライス」）。更に，知っている物をたまたま見掛けると，それを指差し名前を自分から言うことも見られるようになってきたそうです（例えば，「せっけん」）。

質問に答える言葉から要求を伝える言葉へ，更に，出来事を伝える言葉へとマサヒロ君の中で言葉の役割が広がりつつあります。

* 「写真で伝える①」p.23. 参照

無い物の名前を言う

(コ) マサヒロ君（12歳）は物や写真や絵を見てその名前を言葉（音声）で答えるようになりました*。即ち，様々な物や写真や絵を見せて「これは何？」と尋ねると，「すいか」「ケーキ」「はさみ」「ティッシュ」等と正しく答えるようになりました。その後，欲しい物を指差して，その名前を言うようにもなってきました。しかし，見えない物の名前を言うことはありませんでした。ですから，「何を食べたい？」と尋ねても，物が無いと，欲しい物の名前を言うことはありませんでした。

ある日，勉強の途中に私が「お菓子，何を食べる？」と尋ねると，マサヒロ君は黙って棚の引き出しを指差しました。そこには，いつも数種類のお菓子が入っています。そこで，私は引き出しを指差して，再度「お菓子，何を食べる？」と尋ねてみました。今度は，マサヒロ君は「えびせん」とはっきり名前を答えました。

マサヒロ君は，物が見えなくても，物を連想できる状況ならば，欲しい物の名前を答えることができました。

* 「言葉（音声）を使う」p.53. 参照

その人のコトバを大切にする①
―挨拶する―

　エミちゃん（16歳）は私に会うと，「こんにちは」と言う代わりに，決まって「はさみきっちゃだめ」「いぬかわい」と言います。それを受けて，私が「うん，はさみで犬（の絵）を切っちゃかわいそうだね」と答えると，エミちゃんはいつも嬉しそうに笑います。それは，エミちゃんと私の二人だけの合言葉のようなものです。

　養護学校（現特別支援学校）高等部の受験を控えたマユミちゃん（15歳）は，面接に備えて言葉（音声）で挨拶する練習を学校で始めました。マユミちゃんは言葉を発するのが難しいので，最初は激しく抵抗したそうです。そこで，言葉にならなくても声を出せば良いということになりました。すると，先生が「こ，ん，に，ち，は」と言うのに合わせて，「あ，あ，あ，あ，あ」と声を出すようになりました。

　ある日，マユミちゃんの学校を私がたまたま訪れた時，マユミちゃんは私を見付けて驚いた様子でした。廊下から私が手を振ると，席に着いていたマユミちゃんは不自由な右手を懸命に挙げて答えてくれました。言葉にならなくても，その右手からマユミちゃんの歓迎の気持ちを読み取ることができ，嬉しく思いました。

　十人十色，いろんな挨拶があって良いと思います。大切な事は気持ちが通じるかどうかだと思います。

その人のコトバを大切にする②
―嫌な時「みそラーメン」と言う―

　カズヤ君（24歳）は，機嫌が良い時，「たのしい」とは言わずに，「お歳暮には山形屋ののり」と言います。一方，機嫌が悪い時，「いやだ」とは言わずに，「みそラーメン」と言います。これらの言葉がどのようにしてその時の気持ちと結び付いたのかは分かりません。けれども，それらの言葉を聞いて，お母さんはカズヤ君の気持ちを良く理解します。

　カズヤ君は買い物が好きで，お金を持って1人で街に買い物に出掛けることがあります。道を良く知っているのですが，交通規則を守らず車道にはみ出して歩くことがあります。車が来るとさっと引っ込むので，ぶつかることはありません。けれども，危ないということでたまに警察に補導されることがあります。以前，そのことで補導された時，カズヤ君は，拘束されたのが嫌だったのか，派出所で「みそラーメン」と連発したそうです。その言葉の真意を知らない警察官は，みそラーメンを食べたいと勘違いして，インスタントラーメンを作ってくれたそうです。通報を受けてお母さんが派出所に行くと，カズヤ君はおいしそうにラーメンを食べていたそうです。

　嫌な時，「いやだ」とは言わずに，他の言葉を言う子は沢山います。例えば，カナちゃん（6歳）は「どらえもーん」，ヨシミツ君（5歳）は「へび」，カズキ君（7歳）は「にゃお」と言います。

　1つの言葉でもそれを使う人によって様々な意味が込められています。言葉の真の意味を汲み取るようにしたいと思います。

二十歳をすぎて「言葉」を話す

　エイジロウ君（26歳）が「こどものへや」に通うようになって20年が経過しました。当初は養護学校（現特別支援学校）に通いながら，月4回「こどものへや」に通ってきました。養護学校（現特別支援学校）高等部を卒業後，私立の養護学校（現特別支援学校）専攻科へと進学したのを機に寮生活を始めました。現在は，寮から作業所に通い，週末に帰宅して月1回「こどものへや」に通ってきています。

　当初よりエイジロウ君には発語がなく，真似して出せる音も母音「あ」「い」「え」「お」と子音「て」「は」「ぱ」「ぴ」「ん」など限られていました。そのため，これまでは話し言葉以外のコトバ，例えば写真・手話・文字・PICという絵単語などを使って気持ちを表現できるよう援助してきました。その結果，文字はまだ獲得していませんが，いくつかの身振りや手話，写真や絵単語などで気持ちを伝えられるようになりました*。

　学齢期にはあまり声を出さなかったエイジロウ君ですが，二十歳を過ぎた頃から盛んに声を出すようになりました。話したいのかと思いゆっくり言葉をかけると，話し手の口元をじっと見て懸命に真似ようとしてきました。しかし，エイジロウ君が出せる音はわずかです。例えば，私が「こ・ん・に・ち・は」と挨拶すると，エイジロウ君は「お，お，お，お，お」と声を出して返します。いろんな音について，私が1音ずつ，ゆっくり，はっきりと発音して聞かせても，エイジロウ君がそれを真似るのは難しそうでした。

　そこで，今出せる音を中心に言葉を作れないかと考え，手始めに「あお（青）」，「えい（エイジロウ君のこと）」，「いえ（家）」などのコトバの発音練習を始めました。エイジロウ君は言葉を発する相手の口元を見て音を真似ようとするので，視覚的な支えとして発音図を使ってみることにしました。「う」以外の母音について，発音図（図45参照）を見て対応する音を出すことができるのを確認して，写真や絵カードに発音図を貼付してみました（図46参照）。すると，その発音図を見て「あ，お」「え，い」「い，え」と1音ずつ懸命に音を出すようになりました。母音の「う」は「お」に置き換わってしまいましたが，口に人差し指を入れて声を出すようにガイドしたところ，きれいな「う」の音を出せるようになりました。そこで，「う」の音の発音図は，人差し指を口に入れる絵にしました（図47参照）。その結果，発音図を見て，「う，え（上）」，「あ，い，う（アイス）」などの言葉を言えるようになりました。また，「ん」の音はうなずいている絵（図48参照）を，「ぱ」の音は握った手を開く絵（図49参照）を各々発音図とすることで，「ん」「ぱ」の音を出せるようになりました。その結果，発音図を見て「い，お，ん（イオン）」「ぱ，ん（パン）」，「ぱ，ぱ（パパ）」などの言葉を言えるようになりました。

　最近では，実物を見ただけで「ぱ，ん」「あ，い，う」と言ったり，文字を見て「あ，お」「い，え」と読んだりするようにもなりました。また，これまで真似ることが難しかった音（例えば，「ば」行）に対しても，私の口元をじっと見て言えるようになってきました。

　この様に，エイジロウ君は二十歳をすぎて「言葉」を話し始めました。エイジロウ君が話すようになった条件として，先ず発音図が発音記号のような役割を果たし，発音の視覚

的支えになったことが挙げられます。また，学齢期に身振りや手話や絵単語といった様々なコトバでのやりとりを楽しんできたことが，旺盛な発語意欲を育てたと考えられます。

　エイジロウ君の発語の数はまだそれほど多くはありませんが，話したいという意欲が旺盛なので，言葉の世界はこれからも広がると思います。人はいくつになっても学ぶ可能性を有していることを，エイジロウ君が教えてくれました。ご両親は，学校を卒業してからもエイジロウ君を「こどものへや」に通わせ続け，学びの場を保障されてきました。これからも，ゆっくり時間をかけて，本人の話したい，学びたいという気持ちを応援していきたいと思います。

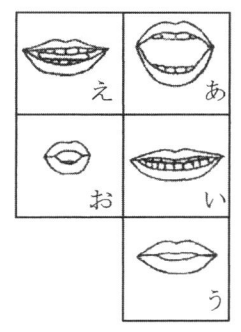

図45　母音の発音図

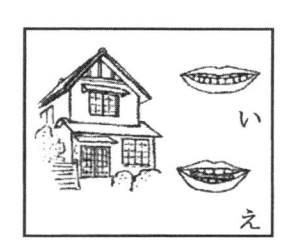

図46　絵カードに添えた発音図

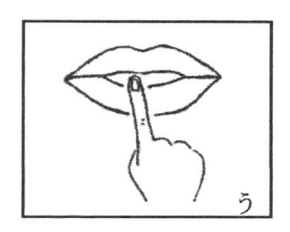

図47　「う」の音の発音

図48　「ん」の音の発音図

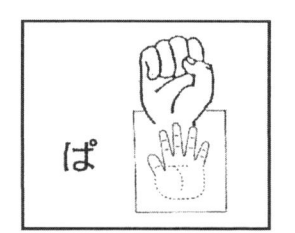

図49　「ぱ」の音の発音図

* 「手話や身振りを使う」p.28.「身振りと絵単語を使い分ける」p.33. 参照

コトバを組み立てる

　タカシ君（8歳）は，最近，話の内容が豊かになりました。以前は，自分が興味のある乗り物の話題が中心でしたが，最近は，いろんな話題について話すようになりました。ある時，お母さんが「最近，教えもしない事を言うことがよくあります。先日も，『バスクリーン入れるとあったまるから，おばあちゃんも入れたら』と言うので，驚きました。一体，どこで覚えるのですかね？」と言われました。合体ロボットが好きなタカシ君は，ロボットをばらばらに分解しては，自分で組み立てます。それと同じ様に，タカシ君は人から聞いた言葉を分解して，自分で新しい言葉を組み立てることを始めたのだと思います。

　これと関連して，文字に興味を持ち始めた (サ) ユウキ君（7歳）は，盛んに自分で新語を作り出します。例えば，電話帳の予備校と銀行の広告を組み合わせて，現役合格銀行

と作り出します。

　人の真似をして覚える言葉は限られています。人から聞いた言葉を自分で分解し，組み立て直すことによって，人は自分の言葉を作り出すのだと思います[*]。

[*]木村允彦（1991）「アカシヤこどものへや便り」，No.11，アカシヤこどものへや．参照

文字で発音を正す

　ショウヘイ君（13歳）はとても社交的で，いろんな話をしてくれます。しかし，発音がはっきりしないため，聞き取れないことがあります。ある日，ショウヘイ君はテレビガイドを見ながら，「おおかえん」と言いました。私は「大岡越前」のことだと分かり，「おおおかえちぜん」と読み仮名を付けてあげました。すると，その文字を読むうちに，「おおおかえちぜん」と正しく言うようになりました。

　マキちゃん（8歳）も，平仮名文字が読めるようになって，きれいな音が出るようになりました。普段のマキちゃんの発語は早口で，発音も不明瞭になることがあります。しかし，文字があると，ゆっくりときれいな発音になります。例えば，『ねこ』『いぬ』といった文字があると，「ね，こ」「い，ぬ」ときれいに発音します。お母さんも，マキちゃんに言葉を教える時，文字を使うことがあります。例えば，挨拶が「おあよー」「あがと」になってしまうので，お母さんは文字を書いて読ませるようにしたそうです。すると，「おはよう」「ありがとう」ときれいに言えるようになりました。

　文字があると，音の配列が視覚的に分かるので，発音の助けになるようです。

第7節　状　　況

物を見せて伝える

　トモミちゃん（15歳）は，自分で足し算の問題を作り，計算盤を使って計算します。トモミちゃんがリベットを挿して計算していた時，私は数字タイルの紙のめくれに気付きました。そこで，私が「直そうか？」と言って数字タイルに手を出したら，トモミちゃんは自分の頬を力一杯叩いて怒りました。そこで，ボンドの容器を見せながら，いま一度「直そうか？」と言うと，今度は納得して，めくれた数字タイルを自ら私によこしました。

　また，トモミちゃんは字を書きますが，ワープロも上手に使いこなします。「こどものへや」でトモミちゃんは，食べ物の絵板を見てその名前をワープロで打ちます。絵板の内容も枚数も，トモミちゃんが自分で決めます。内容はともかく，枚数は時間の都合上制限せざるをえませんでした。言葉（音声）だけで提案しても応じてくれないので，10枚だけ入る木の枠を用意して「これだけにしよう」と提案してみました。すると，トモミちゃんはすんなり10枚だけ絵板を選び，それらを枠に並べてワープロに向かいました。

　言葉だけでなく，目に見える物を添えて伝えた方が伝わり易いようです。お母さんは，このことを良く心得ています。買い物好きのトモミちゃんに買い物が済んだことを知らせる時，買ってきた品物を見せて説得するそうです。

図50　ワープロに向かう

その場を見せて伝える

　トモミちゃん（15歳）は，毎週金曜日に「こどものへや」に通うことをとても楽しみにしています。ですから，何らかの都合で通所が休みになると，トモミちゃんを納得させるのにお母さんは大変苦労します*。

　ある時，「こどものへや」が移転することになり，2週続けて通所が休みになりました。「引っ越しだからお休みだよ」と言っても，トモミちゃんは納得してくれません。そこで，お母さんは慎重に対策を練りました。1週目の金曜日，お母さんは旧い「こどものへや」の近くまで来てから，「今日は，引っ越しだからお休みだよ」とトモミちゃんに告げました。トモミちゃんはお母さんの言葉には納得せず，車から降りて「こどものへや」の玄関の戸を開けました。そして，既に家具が無く空になっている部屋を見回してようやく納得し，車に引き返して「マルシェ」と店の名前を言って買い物に行ったそうです。

　2週目の金曜日，お母さんは「もう，事情が分かったかな」と思い，車で学校を出たところで「今日も，引っ越しだからお休みだよ」と言ったそうです。すると，トモミちゃんは車の中で自分の頬を力一杯叩いて怒ったそうです。この時も，旧い「こどものへや」の玄関まで来たら納得したそうです。

　3週目の金曜日，新しい「こどものへや」に来たトモミちゃんは，室内をキョロキョロ見回しました。そして，自分がいつも使っている教材が揃っていることを確認して，機嫌良く勉強にとりかかりました。

*「言葉（音声）を自分に発して気持ちを鎮める①」p.107. 参照

状況を整えて伝える

　(テ)マサヒロ君（12歳）は「こどものへや」が大好きで，勉強時間が終わってもなかなか帰りたがりませんでした。「こどものへや」の一人あたりの勉強時間は概ね1時間，長くても2時間ぐらいでしたが，マサヒロ君の場合3〜4時間に及ぶこともありました。

　ある日，勉強を終えたマサヒロ君は，大好きな掃除機をいじって頑として帰ろうとしませんでした。お母さんや担当のヒロコ先生が「もうおしまいね」とか「帰ろうね」と声を掛けても，全く応じる気配はありませんでした。二人がかりで玄関へ連れて行こうとしても，マサヒロ君は柱にしがみついて離れませんでした。その時，お母さんもヒロコ先生も，帰る身支度をしないまま「帰ろう」と誘っていたので，余計なお節介かとは思いましたが

「お母さんも先生も帰り支度をして誘ってみたらどうですか」と私が言いました。早速，お母さんとヒロコ先生が部屋のカーテンを閉めて，電気を消して，鞄を持って，あらためて「帰ろう」と誘ってみたところ，マサヒロ君はすんなり玄関へ向かいました。以後，お母さんは，帰り支度を済ませてから「帰ろう」と誘うようにしたそうです。

　この時，マサヒロ君は「帰ろう」とか「おしまい」の言葉の意味を分かっていたけれども，まだ「こどものへや」に居たくて帰る気にならなかったのだと思います。それが，言葉だけでなく，カーテン・電気・鞄など帰る状況を作って帰る旨を伝えたことで，さすがのマサヒロ君も帰る気になったのだと思います。行動の切り換えを促す時，言葉だけでなく，状況というコトバを整えて伝えた方が円滑にいくことがあるようです。

第3章　学習する

　障碍の有無や程度にかかわらず，どの子も自分の世界を広げたがっています。好奇心や探求心が旺盛で，学ぶことを欲しています。

　しかし，課題が難しかったり，意味が理解できなかったりすると，本来楽しいはずの学習活動が苦痛になり、学習を拒否することがあります。この様な時，大人は課題を強制するのではなく，子どもが学習の躓きを自分で克服できるように，課題を分かり易く整理してあげなければなりません。その為に，一人ひとりの子どもに合った教材が必要になります。

　子どもが躓いた時，何故躓いたのか，どうすればその躓きを乗り越えられるか，これらを問い続ける中から教材が生まれます。子どもが，教材の助けを得て自分で躓きを克服できた時，自分を調整する力を増進させたことになります。このことが生きる力となって，子どもは更に自分の世界を広げようと外に踏み出していくことと思います。

第1節　教　　材

　教材を作る時，大人にはこの様に使って欲しいという大まかな意図があります。しかし子どもは，大人の意図とは異なる使い方をすることがあります。大人が意図した使い方のみが正しいとするのは，貧しい考えです。子どもに教材を自由にいじらせてみると，大人の想像力をはるかに超えて，教材と豊かな遊びを展開することがあります。また，子どもと同じ様に，大人も遊び心を持つことにより，一つの教材で沢山の事を教えることができます。あるベテランの先生が「教材を生かすも殺すも，それを使う人次第です」と言われました。その時々の子どもの気持ちを大切にして，教材は柔軟に使いたいと思います。

教材を手作りする

　「こどものへや」では，一人ひとりの子どもの興味や力に合わせて教材をできるだけ手作りしています。お母さん方もまた，この教材作りに協力して下さいます。

　(ト) タツヤ君（6歳）のお母さんは，透明ホースや素麺の木箱等でビー玉転がしの教材を作りました（図1参照）。また，平仮名の50音表や魚釣りの教材も自分で作りました。お母さんは「魚釣りの玩具を買ってあげたけれど，すぐに飽きてしまいました。タツヤが好きな絵を沢山切抜き，それに靴下の留め金を付け，磁石で釣り上げる魚釣りを作ってあげたら，それは大喜びで遊びました」と言われました。

　ヒロタカ君（3歳）のお母さんは，「こどものへや」の工作室で教材作りに励みました。

小学校の時以来という糸鋸工作にもチャレンジして，ヒロタカ君が好きな絵の構成やはめ板等の教材を沢山作りました。

　(ヒ) ユウキ君（13歳）のお母さんは，ユウキ君が好きな食べ物の絵のはめ板を沢山作りました。その他に，平仮名の 50 音表や単語を構成するための見本カード等も作りました。

　ユカちゃん（6歳）のお母さんは，平仮名の 50 音表や 1 から 5 までの数のパイプをさす教材を作りました。どの子もお母さんが作った教材が大好きで，家で何度も何度も繰り返し取り組んでいるそうです。

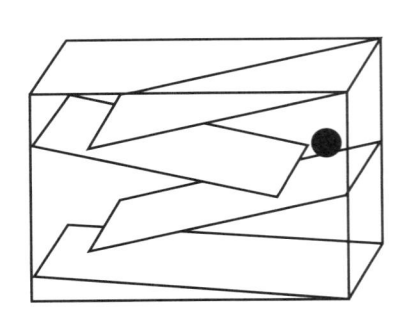

図1　ビー玉転がし

図2　平仮名の 50 音表に取り組む

図3　構成はめ板に取り組む

図4　ヒロタカ君のお母さんが作った教材

図5　平仮名の 50 音表に取り組む

図6　ユウキ君のお母さんが作った教材

図7 1から5までのパイプをさす

生活に根差した教材

　子どもが生活している状況は，物が多すぎたり，物の関係や仕組みが複雑だったりして，子どもにとって錯綜した状況である場合があります。その様な時，子どもに分かり易いように，子どもが扱い易いように，状況を整理してあげることが必要になります。教材を作る意味の一つは，ここにあると思います。従って，教材を作る時，子どもが生活している状況からヒントを得ることが大事だと思います。

　以前，廃物を利用してＴ字の柱にフックを付けた教材を作ったことがありました（図8参照）。ある子のお母さんが「フックに物を掛けることができない」と言われるのを聞いて作った物です。あるベテランの先生がそれを見て，「生活場面ではフックは壁に付いていることが多いですよね」と言われました。Ｔ字の柱にフックを付けた教材は，空間が空いていて手や肘が邪魔にならないという利点があります。しかし，生活場面につなげる為に，図の様な板にフックを付けた教材をもう一つ作りました（図9参照）。

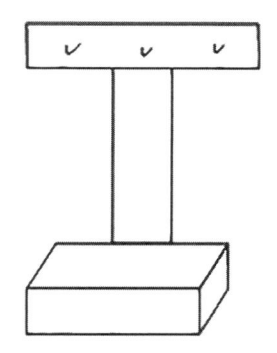
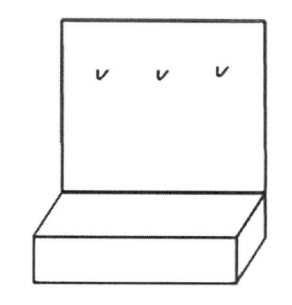

図8　Ｔ字の柱にフックを付けた教材　　　図9　板にフックを付けた教材

教材を柔軟に使う

　(ヒ)ユウキ君（10歳）は，お金や木片や玉等の小さい物を手でジャラジャラいじることが好きです。ある日，ユウキ君は教材棚から一つの教材を持ち出しました。それは，緑色と黄色のリングが各々約15個ずつ2本の棒に挿してある教材でした（図10参照）。ユウキ君はそれらのリングを全て抜き取り，机上にばらまいて，手でジャラジャラいじり始め

ました。

　この教材は，色別に挿し分けることを意図して作製したものでした。これまで，ユウキ君に類似した教材を何度か試みました。しかし，いずれの時も，同じ色の物を合わせたり，集めたりすることは起きませんでした。お母さんの話によれば，家でも同様でした。この時も，2本の棒にそれぞれ緑色と黄色のリングをいくつか挿して見せ，色別に挿し分けるよう誘ってみました。しかし，ユウキ君はそれらのリングをすぐに抜き取って，再び机上にばらまいて，手でジャラジャラいじり続けました。そこで，手出しをしないで，ユウキ君がリングをいじるのを見守りました。

　ユウキ君は，一層活発にジャラジャラいじり続けました。間も無く，ユウキ君は緑色のリングを5，6個拾って自分の指に挿し，すぐに机上に戻しました。次に，緑色のリングをほぼ全部拾い出して指に挿し，再び机上に戻しました。私が赤色のリングを約15個加えると，ユウキ君はそれらのリングも混ぜてジャラジャラいじり続けました。しばらくして，その中から赤色のリングを5，6個拾って一瞬自分の指に挿しました。更に，私が青色のリングも約15個加えると，ユウキ君はそれらのリングも混ぜて10分近くいじり続けました。その間，私はずっと見守り続けました。すると，今度はその中から青色のリングを全て拾い出し，他のリングは机の隅によけ始めました。たまたま，青色リングの中に赤色リングが1個だけ残りました。ユウキ君は，間も無く，その赤色リングをひょいっと摘まんで机の隅に取り除きました。その仕草がとてもしっかりしていたので，傍らで見ていた私とお母さんは思わず拍手喝采しました。

　この様にして，ユウキ君は色に着目して自分なりにリングを分けました。次に来所した時には，私の誘いにも応じて，リングを色別に棒に挿し分けました。また，お母さんの話によれば，家でもマーブルチョコを同色ごとに分けることをしたそうです。

　ユウキ君は，リングをジャラジャラいじりながら，その大きさ・感触・音のみならず，色も調べていたのでした。そのことは，ユウキ君が始めた行動の展開を見守る中で，初めて明らかになりました。そして，ユウキ君は，私がいくら試みても成立しなかった色分けを，自分で為し遂げました。

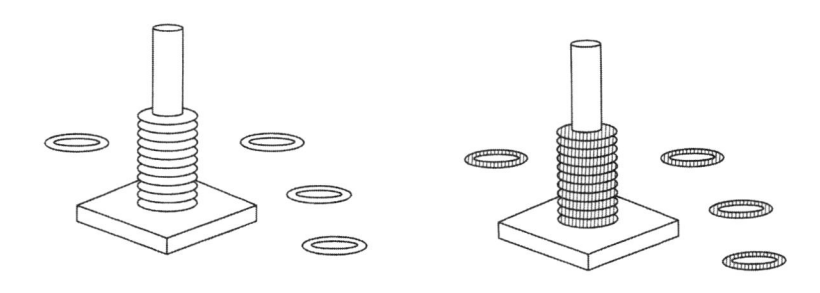

図10　リングさし教材

車が教材

　マサノリ君（14歳）は，車が大好きです。トランクやボンネットの開閉などいろんな操作を自分でできます。また，「まえ」とか「バック」と言葉（音声）で人に伝えて，車の移動を指示することもできます。車と係わる時，マサノリ君は目や手をとても上手に使います。また，言葉を活発に発します。車は，マサノリ君が人との細やかなやりとりと目や手の使い方を学ぶ為の立派な教材だと思います。

　それに比べると見劣りしますが，私が用意した車の絵のはめ板や見本合わせ等の教材にも付き合ってくれます。見本合わせ状況では，見本の絵カードと同じ絵カードが乗っている箱にのみ当たり刺激が入っています（図11参照）。マサノリ君の場合，箱の中の当たり刺激はもちろん車の鍵でした。マサノリ君は1つの課題を終える毎に，その車の鍵を私やお母さんに渡して，とても嬉しそうに車の移動を指示しました。

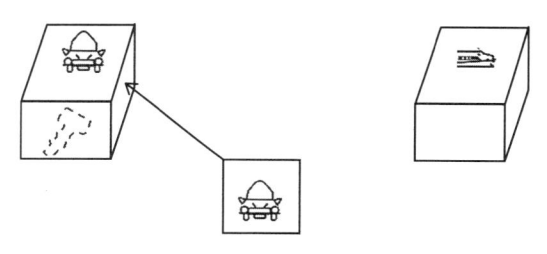

図11　乗り物の絵の見本合わせ

板積木を穴にはめる

　マリエちゃん（8歳）は，ゴルフボールや電池を木箱やタッパー容器の穴から中に入れるのが上手になりました（図12参照）。同じ様な教材を家庭や学校に貸し出したところ，兄弟や友達と一緒に楽しく取り組んでいるそうです。

　しかし，円形の板積木を台板の同形の穴にはめこむはめ板教材（図13参照）になると，マリエちゃんは板積木を穴に入れようとして台板の底につかえると，その板積木を放ってしまいました。何度か繰り返しても，実際に私がやってみせても，結果は同じでした。そこで，台板の穴を深くすることも考えましたが，取りあえず板積木をタッパー容器の穴から中に入れることを沢山やりました（図14参照）。その直後に，すかさずタッパー容器を引っ込め，代わりに台板を差し出すと，板積木をひょいっと穴にはめることが起きました。一度，板積木を台板の穴にはめこむことが起きると，その後，何度も同じことが起きるよ

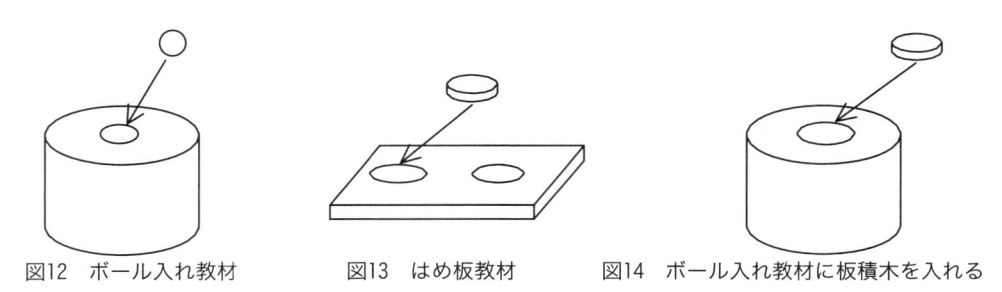

図12　ボール入れ教材　　　図13　はめ板教材　　　図14　ボール入れ教材に板積木を入れる

うになりました。

　ある行動の成立を願うならば，いきなりその行動を繰り返させるのではなく，楽にできる行動を手掛かりとして，少しずつ状況を変えることが必要だと思います。

第2節　文　　字

文字の見本合わせ

　ユウナちゃん（13歳）ははめ板パズルが得意です。最初は食べ物やキャラクターなどの絵のはめ板パズルから始めましたが，その後数字や文字のはめ板もできるようになりました。

　しかし，はめ板にすると文字や数字の見本合わせ（図15参照）も成立しましたが，同じ文字カード同士を合わせる課題（図16参照）になると難しくなりました。そこで，はめ板と文字カードの見本合わせをつなぐ課題として，はめ板の文字片（凸）を文字カードに合わせる課題（図17参照）を挿入しました。この課題は，文字カードに文字片がピタリと重なるので，正誤が分かり易かったようです。ユウナちゃんは慎重に見比べて，正しく重ね置くようになりました。選択肢を2肢から3肢に増やしても大丈夫でした。

　続けて文字カード同士の見本合わせに進めてみたところ，今度はちゃんと同じ文字同士を重ね合わせることができました。

　その後，ユウナちゃんの文字の見本合わせ学習は，名前の文字を中心に3文字から5文字と数を増やしていきました。幸い，学校の担任の先生が熱心な方で，こどものへやにも見学に来て下さいました。そこで，お母さんを介して教材を渡すと，学校で上手に進めて下さいました。また，「こどものへや」では文字をなぞる学習にも進みました[*]。

図15　文字のはめ板見本合わせ　　　図16　文字カード同士の見本合わせ

図17　文字片と文字カードの見本合わせ

*「線をなぞる」p.78. 参照

文字を事象と対応付ける

　アイちゃん（5歳）は，文字と事象の対応付けの課題に取り組みました。まず，め と て と は の3文字を選び，それぞれ「目」・「手」・「歯」の絵カードとの対応を試みました。絵カードに見本の文字が付いていると対応は簡単ですが（図18参照），絵カードのみになると文字との対応は難しそうでした（図19参照）。

　そこで，て という文字を「手」と対応させるために，私の手掌にマジックで て と書いてみせました。すると，それをじっと見ていたアイちゃんは，マジックを持つと，私のもう一方の手掌に真似して て と書きました。アイちゃんが文字を書いたのは，この時が初めてでした。そして，これがきっかけとなり，め て は の文字と絵の対応付けが成立しました。

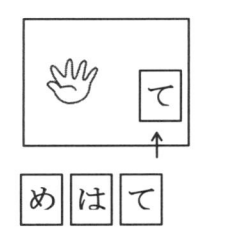

図18　見本文字付き絵カードとの対応付け

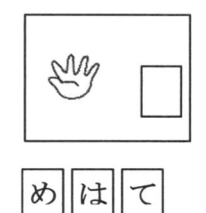

図19　見本文字がない絵カードとの対応付け

学校との連携

　サキちゃん（10歳）の学校の担任の先生はとても熱心な方で，「こどものへや」に見学に来られることもあれば，私が学校を訪問させてもらうこともあります。また，お母さんを介して情報を共有することもあり，サキちゃんの学習は家庭や学校と連携を密に取りながら進めることができました。

　サキちゃんの発語は，口唇音の「ま」「ば」「ぱ」，母音の中の「あ」など限られていました。その後，主として学校で発語の練習が行われ，母音の「い」「う」「え」「お」が言えるようになりました。その結果，「ぱぱ」「まま」「ばー」「あいちゃん（ペットのうさぎ）」など言える言葉が増えていきました。

　並行して，「こどものへや」では文字タイルで単語を構成したり（図20参照），トーキングエイドで文字を打ったり（図21参照）してきました。内容的には発語と同様に家族

図20　文字タイルで単語を構成

図21　トーキングエイドを打つ

や友達の名前などが中心です。最近では，見本が無くても打てる文字が増えました。

　また，「こどものへや」での文字学習の様子を見て，担任の先生は学校でも家族の名前の文字をなぞる学習などを進めて下さり，その結果サキちゃんが書ける文字は少しずつですが増えてきました。

文字を覚える

　係わり当初，タカシ君（6歳）は文字に全く関心を示しませんでした。一方，車が大好きで，消防車や救急車の分割絵を構成する課題等には喜んで取り組みました。また，車の名前は良く知っていて，「はしごしゃ」とか「タンクローリー」等と言って教えてくれました。そこで，タカシ君の文字の勉強は，大好きな車の名前を使って始めることにしました。具体的には，図22の様に車の絵カードの裏にその名前の頭文字を付けたものを沢山作りました。

　そして，4〜5枚ずつ裏返して，カルタ形式で私が「ようちえんバスはどれでしょう？」等と尋ねると，大体正しく文字を見て拾えるようになりました。その後，お父さんとお母さんの協力を得て，4.5cm角の四角いタイルの表に文字，裏に乗り物の絵を縮小して貼り付けたひらがな50音表を作製しました（図23参照）。タカシ君はこの50音表をとても気に入り，自分で「ゆうびんしゃ」とか「さんすいしゃ」等と言いながらそれに対応する文字を拾うようになりました。

　大好きな車の文字を覚えたタカシ君は，今度は図24の様な文字の形をくり抜いたカードの溝をなぞって書くことにも取り組み始めました*。

　この様に，車の絵に文字を付けたら，車が好きなタカシ君は喜んで文字を覚えました。そして，最近，タカシ君は車と対応させて覚えた文字を，少しずつ他の物にも結び付け始めました。

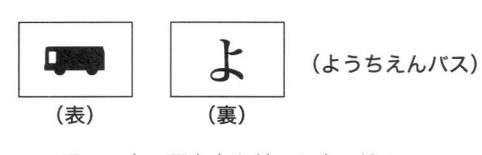

（ようちえんバス）

（表）　　　（裏）

図22　裏に頭文字を付けた車の絵カード

図23　文字タイルの裏に乗り物の
絵を貼り付けた50音表

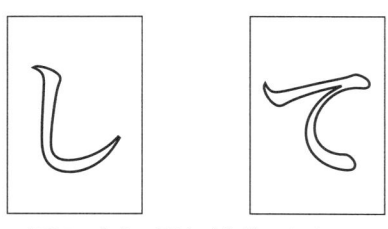

図24　文字の形をくり抜いたカード

* 「文字を書く」p.69.　参照

文字を書く

　タカシ君（6歳）は車が大好きで，車の名前の文字を覚えました*。大好きな車の文字を覚えたタカシ君は，今度は車の文字を書くことに積極的に取り組みました。最初は，文字の形をくり抜いたカードの溝をなぞって文字を書きました。鉛筆を持つことすら嫌がっていたタカシ君ですが，この頃にはすっかり書くことが好きになりました。そして，同じ頃，それまで嫌がっていた塗り絵も好きになりました。「こどものへや」だけでなく，家や学校でも点線をなぞって沢山の文字を書きました。

　しかし，点線が少しでもなくなると，とたんに書けなくなりました。点線をなぞって書くことと見本を見て書くこととの間には，大きな隔たりがあるようです。半年経過したある日，タカシ君はいつもの様に点線をなぞって たかし と書きました。その直後，私が た の字を書いてみせ，その下に「たを書いて」と促すと，タカシ君は見本をよく見て同じ様に た の字を書きました。側で見ていたお母さんは，「タカちゃん，すごい。書けたじゃない！」と驚きました。タカシ君はこれで自信がついたのか，次に私が か の字を書くとその下に か の字を，私が し の字を書くと し の字を書きました。更に，数字の1～10も，見本を見てそれらしく書きました。

　この様に，点線をなぞって書いた直後に私が一文字ずつ見本を書いてみせたら，タカシ君もそれを見て文字を書きました。タカシ君が見本を見て白い紙の上に文字を書いたのは，この時が初めてでした。この時から，タカシ君は様々な文字を見本を見て書くようになりました。そして，4ヶ月後には，見本が無くても，自分の名前などをすらすらと書くようになりました（図25参照）。沢山の文字をなぞったことが，ここにきて実を結びました。

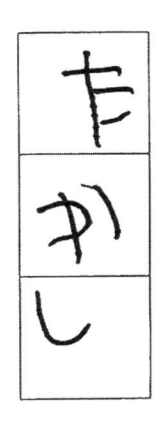

図25　見本を見ないで初めて書いた文字

* 「文字を覚える」p.68. 参照

学校を卒業して，文字を覚える

　ヒデノリ君（23歳）は，養護学校（現特別支援学校）の中学部を卒業してから「こどものへや」に通所しました。最初は，ナツエ先生と図形や平仮名文字の形の見本合わせ等を丁寧に学習しました。その過程で，左腕を動かしたり，車椅子に上手に座ったりできるようになりました。その後，文字と事象の対応付けの学習が始まった頃から，私もお手伝

いさせてもらうようになりました。

　ヒデノリ君は手足にマヒがあるのでカードやタイルを操作することはできませんが，正しい方のカードやタイルに腕を伸ばして選択することができます。しかし，体の緊張が強い時には，思うように腕が動かないことがあります。その様な時は，正しい方のカードやタイルに目を向けて選んでもらいます。この手や目による選択行動に支えられて，文字と事象の対応付けの学習は少しずつ進展していきました。1年かけて め て は の3文字を覚え，その後約3年かけて平仮名50音を全てマスターしました。この間，文字の学習が急速に進展した時期が2度ありました。1度目は，学習した文字カードを大きな50音表に入れて示し，ヒデノリ君に学習の進行状況や残りが一目で分かるようにした時です。2度目は，学習に使う単語を，少々複雑でもヒデノリ君の興味を引く出来事から選ぶようにした時です。例えば，ヒデノリ君がお母さんと東京に旅行に行った直後だったら， とうきょう でんしゃ おかあさん 等の単語を中心に学習しました。

　ヒデノリ君は，質問に対して「うん（はい）」と言って頷いたり，「ううん（いいえ）」と首を横に振ったりすることができます。しかし，言葉（音声）を発することが難しいので，パソコンやトーキングエイドを使って文字や音声を表出する学習に取り組みました（図26 参照）。限られた自分の動きで操作できるので，パソコンやトーキングエイドを使った学習はヒデノリ君のお気に入りです。また，この学習の過程で，腕による選択よりも，頭に付けた棒（ヘッドスティック）で選択する方が容易であることが分かり，専用のヘッドスティックを作りました。

　また，机上での学習の進展と並行して，生活全般にわたって調整の進展が見られました。例えば，体の調整が上手になり，姿勢を保持して対象を見続けることが容易になりました。他にも，食事の介助をこぼさずに受けたり，手に付いた食べ物を口に運んで食べたりできるようになりました。また，言葉の理解が深まり，自分の体のみならず気持ちの調整も上手になりました。更に，ヒデノリ君から排尿を「ウーウー」と言って知らせるようになりました。

　この様に，ヒデノリ君は中学を卒業してから，文字を覚えたり，排尿を知らせたり，手で食べ物を口に運んで食べたり等，いろいろなことができるようになりました*。「〜歳

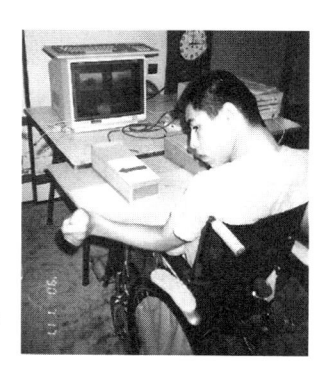

図26　パソコンにつながっている外付けの
　　　　スイッチを押し分ける

* 「自分の意志で絵を書く」p. 82. 参照

までにできなければもうだめだ」といった話をよく耳にしますが，ヒデノリ君はそのような限界説が誤りであることを，身をもって示してくれています。本人の意欲とそれを適切に輔（たす）ける人（もちろん，ヒデノリ君にとってはお母さんが最良の輔け手です）がいれば，幾つになっても不可能なことは何も無いと思います。

ワープロを打つ

　アケミさん（34歳）は体に不自由があります。就学を猶予され，学校教育を受けたのは中学の3年間だけですが，チャレンジ精神が旺盛で，いつも自分の生活を広げようとしてきました。その一つにワープロがあります。私との係わりが始まって間も無く，アケミさんはワープロをやってみたいと言いました。アケミさんは持ち前の頑張りでワープロの操作をすぐに習得しました。左手の薬指でゆっくりキーを打ちますが，体調によっては思うように体が動かず，一文字打つのに大変苦労する時もあります。それでも，アケミさんはワープロを使って，自分の気持ちを文や詩に表わし，絵を書き，ワープロ通信を楽しむようになりました。アケミさんはおしゃべりが好きですが，お母さんなら聞き取れる言葉も，私には聞き取れないことがあります。その様な時も，アケミさんはワープロで文字に直してくれます。

　お母さんが車の運転免許を持っていないので，これまで私がアケミさんのお宅を訪問して勉強をみてきました。車で片道1時間かかる道のりも，アケミさんの旺盛な学習意欲に励まされて苦痛を感じたことはありません。アケミさんはとても勉強熱心で，帰りがけに必ず「しゅくだいは？」と言って宿題を要求します。最近，別掲の詩をワープロで作り，小説「赤毛のアン」から漢字を拾い出してワープロで打つ勉強を始めました。

　アケミさんがワープロを使い始めた頃，お母さんは「障碍児に希望を持たせてやりたい，おおげさだけれども，生きがいが一人ひとりにあったならば幸せなのになあと，いつも思っております」と書かれました。アケミさんがワープロを使い始めて，早や10年が経ちました。この間，お父さんやお母さんをはじめ家族皆に支えられて，アケミさんはワープロで沢山の文や詩や絵を作りました。アケミさんの夢は，これらの作品をまとめて一冊の本に仕上げることです。この夢をかなえる為に，私も微力ながらお手伝いしたいと思います。

図27　ワープロに向かう

> 「私はワープロが大好き」　　アケミ
>
> 私はワープロが大好き
> 何もできない私だが　左の薬指でワープロをおす
> 絵を書く　日記や詩をうつことができる
> わたしのちょっぴりのじまんだ
> 先日　友達が頑張って勉強をしていると先生が話をしていた
> それを聞いて，私はまけた　胸の痛みを感じてしまった
> 何日も　ＣＤを聞いて　考えた
> 私にもなにかできることはないかなあーとしずんでいたら，
> お母さんが，あけみも漢字の勉強をしたらとアドバイスをくれた
> 本から漢字をひろって　おぼえることにした
> すぐに，あきらめてしまう私
> 私もできることをすれば良いのだと思って，
> 心にまけずに勝つことにしようと　ちかう自分

パソコンに挑戦する

　アケミさんとのお付き合いは，私が「あらまきこどものへや」（現前橋こどものへや）で子どもたちとのお付き合いをスタートさせて間も無くでしたから，もう20年近くになります。

　アケミさんは体が不自由ですが，とても明るく，チャレンジ精神が旺盛な方です。そんなアケミさんに感動して，車で片道1時間かけてアケミさんの自宅まで月に1回訪問を続けています。

　係わり当初，アケミさんに「ワープロ（をやってみたい）」と言われ，私も慌ててワープロを覚えました。アケミさんは持ち前の頑張りでワープロの操作をすぐに覚えました。左の薬指一本でゆっくり時間をかけてキーを打ちますが，絵を描いたり，詩を書いたりできるようになりました。また，言葉で言って伝わらない時，ワープロで文字を打って伝えてくれます。

　そんなアケミさんが数年前から「パソコン（で）色（付けたい）」と言うようになり，またまた私は慌ててパソコンを覚えました。アケミさんは体が不自由なので，マウスの操作が難しく，いろんな入力手段を試しました。その結果，らくらくマウスⅡを購入することにしました。らくらくマウスⅡは，複数のボタンを押し分けることでカーソルの移動やクリックなど全ての操作が可能で，アケミさんには適していました。今では，このらくらくマウスⅡを使って，パソコンで絵を描いたり，日記を書いたり，メールを楽しんだりできるようになりました（図29参照）。

　以前は，ワープロで書いた宿題の日記を私が訪問した時にまとめて読んでいたのですが，

今では，パソコンで書いた宿題の日記を毎日のようにメールで送ってきてくれるようになりました。私がうっかり返事を忘れると，「せんせいめーるこないびょうきしんぱい……」とメールで気遣ってくれる優しいアケミさんです。

図28　パソコンを操作する

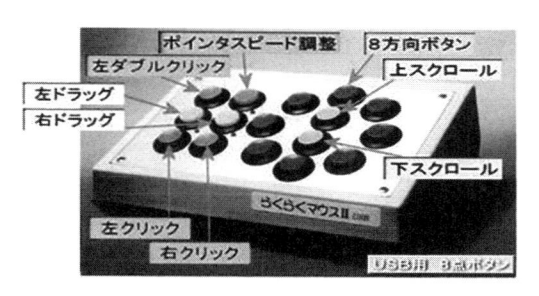

図29　らくらくマウスⅡ本体

第3節　数

指で数字を書いて数える

　リョウスケ君（14歳）は，発語は少なくても，豊かな身振りを持っていて，大体のことは身振りで伝えることができます。最近は，平仮名文字を覚えて，ゆうえんち などと書いて伝えることもあります。そんなリョウスケ君も，物の数を数えるのは，「いち，に，さん，……」と数唱ができないので苦手です。3つ位までなら見ただけでも分かりますが，それ以上になると分からなくなります。そこで，1，2，3，4……と数字を書いて数えるやり方を教えました。リョウスケ君はこの数え方をすぐに気に入り，絵を数えたり，足し算をしたりする際に使うようになりました。初めは紙に数字を書いて数えましたが，その後空中に数字を書いて数えることもできるようになりました。

自分の指に合わせて並べる

　(ｳ) タツヤ君（10歳）と数の勉強を始めました。数字よりも指の方が物の数を象徴的に表わしているので，まず指を使って勉強を始めることにしました。具体的には，皿の中のお菓子を，指の絵カード（図30参照）に合わせて取ってくることを求めました。指の絵カードは，指が1本のものから5本のものまで5枚あります。これに対して，タツヤ君は絵の指先にお菓子を一つずつ並べていき，結果として絵の指の数と同じ数を取ることができました。続いて，指の絵カードを私の指に変えて，同様の課題を行ないました。すると，タツヤ君は私の指の数とは関係なしに，適当な数のお菓子を並べました。指の絵カードと私の指との間には大きなギャップがあり，この両者をつなぐものが何か必要なようでした。

　その数日後，同様の手続きをカズキ君（8歳）やマコト君（14歳）にも行ないました。二人とも数の勉強は初めてです。二人とも絵の指の数と同じ数のお菓子を絵の指先に並べることができました。続いて，指の絵カードを私の指に変えて，同様の課題を行ないました。すると，二人は私の指を真似て自分で指を型作って，その指先にお菓子を一つずつ並

べていきました。

　二人は，自分の指を仲立ちとすることで，私の指の数と同じ数のお菓子を並べることができました。そこで，タツヤ君が次に来所した時，タツヤ君にも自分の指に合わせてお菓子を並べてもらうことにしました。すると，タツヤ君は私の指を真似て自分で指を型作って，その指先に正しくお菓子を並べることができました（図31参照）。続いて，私の指に対しても，同じ数のお菓子を並べることができるようになりました。

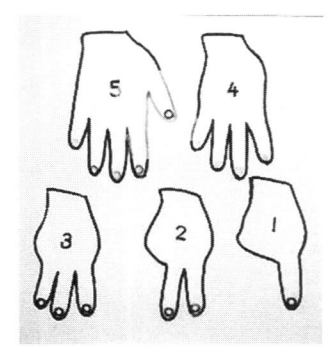

図30　指の絵カード

図31　自分の指先にお菓子を並べる

3ずつ数える

　エイジロウ君（14歳）は，1から5までの数について長期間勉強しました。エイジロウ君は，言葉（音声）を全く発しないので，数唱することができません。そこで，1から5までの指型を仲立ちにして，5個までの物を数える勉強をしました。その結果，3個までの物の数を3までの数字を使って表わすことができるようになりました。しかし，4個または5個になると，4と5を取り違え，その対応はなかなか安定しませんでした。

　そのような時，3までの数字を使って，3個以上の物の数を数える方法を知りました*。早速，3個の穴を開けた木の台をいくつか使って，3個以上のペグの数を数える勉強をしてみました。エイジロウ君はこの状況をすぐに理解して，ペグを3個ずつ穴に挿して，それぞれの台のペグの数を1から3の数字で表わすようになりました（図32参照）。その後，3個の穴を開けた木の台が無くても，様々な物を3個ずつ並べて，その数を3までの数字で表わすようになりました（図33参照）。実際に動かすことができる物ならば，20個近くの物を3個ずつ並べて数えるようになりました。動かすことができない絵などの場合，配置によって1から5個の固まりを線で囲み，それぞれ対応する数字を書き込みます（図34参照）。この様な時，4や5の数字を使うことがあります。しかし，4や5の数字は，以前よりは安定してきたものの，3までの数字に比べると事象との対応がまだ不安定です。

　エイジロウ君は，3個ずつ固まりを作って，その数を3までの数字で表わすことが安定してできるようになりました。現時点では，エイジロウ君にとって，3個ずつの固まりを作って数えるやり方が最も分かり易い数え方のように思えます。今後，4や5の数字を使って数えるようになるのかどうか，それを決めるのは，エイジロウ君自身だと思っています。

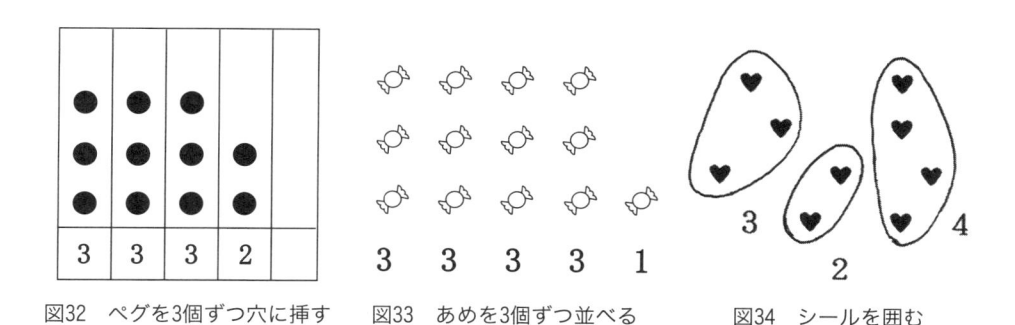

図32　ペグを3個ずつ穴に挿す　　図33　あめを3個ずつ並べる　　図34　シールを囲む

*　島至（1993）「『「数える』－E の場合－」，障害児教育学研究，第 1 巻第 1 号，pp.30–35. 参照

3 ずつ数える　―1 年後―

　エイジロウ君（15 歳）は，3 個ずつ固まりを作って，その数を 3 までの数字で表わすようになりました*。例えば 10 個の物なら 3，3，3，1 と表記します。その様な数え方が安定してきた頃，エイジロウ君は時々 4 や 5 の数字も使って数えるようになりました。しかも，以前とは異なり，4 と 5 を取り違えることはほとんどなくなりました。3 の固まりを沢山勉強したお陰で，3 より一つ多いのが 4，3 より二つ多いのが 5 と分かってきたようです。

　その後，5 以上の数字についても勉強を再開しました。1 から 5 までの数字を勉強した時と同じ様に，6 から 10 までの指型を仲立ちにして，10 個までの物を数える勉強をしました。しかし，6 以上になると，数が多くて物と指の対応が難しそうでした。ある日，エイジロウ君は，物を 5 の固まりと残りの 2 段に並べ直して数えることを始めました（図35 参照）。これにより，指との対応が容易になり，エイジロウ君は 6 から 10 までの数字を使って正しく数えるようになりました。5 の固まりと残りに並べ直して数えることを，エイジロウ君は自分で思い付きました。ここにも，3 の固まりを作って数えた経験が生きているように思います。

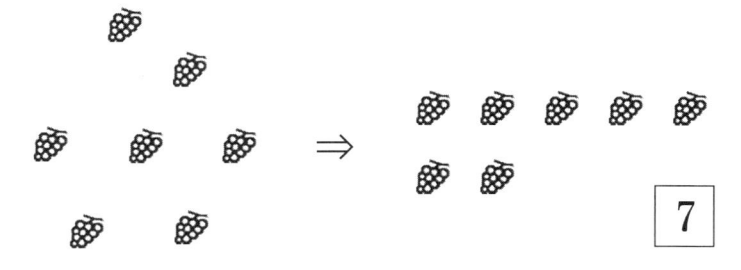

図35　5の固まりと残りに並べ直して数える

*　「3 ずつ数える」p.74. 参照

指と対応させる

　アイちゃん（5歳）は，お母さんの指を真似して1〜10までの指型を作れるようになりました。また，お母さんの言葉の語頭だけを真似して，「い」「に」「さ」「し」……の様に言えるようになりました。

　ある日，数字と事象の対応付けの勉強をしました。アイちゃんは数字に対応する指を立て，果物の模型を箱から取り出し，枠の中に並べていきました。1〜4までの数までは，自分の指と対応する数の模型をスムーズに並べていきました。しかし，5に対しては，指で〔手〕を作って模型を6個並べました。私が間違いを指摘すると，アイちゃんは4または5に対して，自分の指と模型を交互に指差しながら並べていくようになりました（図36参照）。そうすることによって，指の数と模型の数が正しく対応するようになりました。

図36　指と模型を交互に指差す

買い物学習

　アキホちゃん（13歳）のお母さんは，アキホちゃんがお店でお金を払うことができるようにと，次のような補助具を手作りしました。それは，台紙の上に右から1円玉，5円玉，10円玉，50円玉，100円玉，500円玉の順に硬貨を1枚ずつ並べて，全体をラミネートで覆ったものです（図37参照）。ラミネートで覆ってあるので，マジックペンで何度でも書いて消すことができます。お店でレジの金額を見てお母さんが各硬貨の下に数字を書き，アキホちゃんはその数字を見て財布からお金を出します。例えば，合計が255円だとしたら，お母さんは100円玉の下に2，50円玉の下に1，5円玉の下に1を書きます。アキホちゃんはその数字を見て，対応する数のお金を財布から出して支払います。補助具のおかげでお金の世界に踏み出すことができて，アキホちゃんは嬉しそうです。

　お母さんの熱意に触発されて，早速「こどものへや」でもお金の勉強をお手伝いさせてもらうことにしました。財布から小銭を取り出すのが大変そうだったので，1円玉，5円玉，10円玉，50円玉，100円玉，500円玉の順に硬貨を分類して収納できるコインケースを使うことにしました。アキホちゃんはお母さんが書いた数字を見て，コインケースから上手にお金を出すことができました。

　次に来た時には，自分で品物の値札やレジスターの合計額を台紙に書き込み，コインケースからお金を出せるようになっていました。ただし，自分で書き込む時は，5円玉や50

円玉などは使わないで，1円玉，10円玉，100円玉で支払います。

　更にその次の勉強の時には，補助具を使わなくても品物の値札を見ただけでコインケースからお金を出せるようになりました。まだ5円玉や50円玉の使い方が分かっていないなど課題はありますが，これも5円玉を台紙に貼り付け，その裏に1円玉を5個を貼り付けた教材を使うことで克服しつつあります。

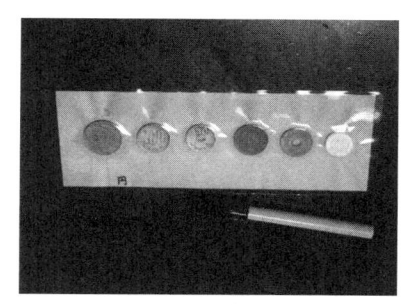

図37　お母さん手作りの補助具

図38　買物学習

お金に見立てて計算する

　トオル君（13歳）は買物が大好きで，毎朝どこの店の何が安いかを新聞のチラシでチェックしています。

　「こどものへや」でも，文字や計算の勉強に広告を使ってきました。これまでは，1桁同士の足し算は磁石を使ったり，○を書いたりして計算してきました。トオル君は話すことよりも，書くことの方が得意なので，数える時も1から順に数字を書いて数えます。しかし，2桁・3桁の計算になると数字が大きくなるため，電卓を使って計算してきました。

　最近，1円が10個で10円，10円が10個で100円といったお金の仕組みがよく分かってきたので，2桁の足し算の筆算をお金に見立てて教えてみました。トオル君は，1の位の1円が10個たまると10の位に繰り上げて10円を1個書き足すようになりました（図39参照）。そして，残った1円の数と増えた10円の数をそれぞれ数えて，答えを出します。電卓で答えが合っていることを確認すると，「どうだい！」と得意満面です。

　買物好きなトオル君は，お金に置き換えて考えることで，筆算の繰り上がりの意味が納得できたようです。

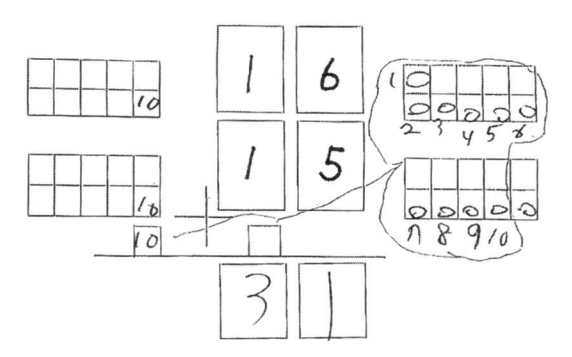

図39　トオル君の計算の仕方

タイルや指を使って計算する

　コウキ君（9歳）は，小学校入学時は数字に対応させて指を立てるのが難しかったので，「こどものへや」では手作りの計算盤を使って計算をしてきました。最初は数字の数だけマグネットを並べてから合わせる計算盤（図40参照）を使いました。この計算だとマグネットを一つずつ動かす操作がめんどうな様子だったので，途中からタイルをスライドさせる計算盤（図41参照）に変更しました。これだとタイルを一気に動かせるので，コウキ君の性に合っていたようです。タイルを使って1桁の足し算から2桁の足し算へと進みました。

　そろそろ筆算をと考えて，計算盤を引っ込めて1桁同士の足し算を出題してみました。すると，コウキ君は初め困惑した様子でしたが，まもなく指を使って計算し始めました。例えば，5＋6だと，5を頭に入れて，指を6本立てます。その後で「6，7，8，9，10，11」と指を数え足していきました。指を使うやり方は学校で教わったようです。

　この様に，コウキ君はいつの間にか指で足し算ができるようになっていました。タイルでも指でも，使える物は何でも使って計算すればいいと思います。

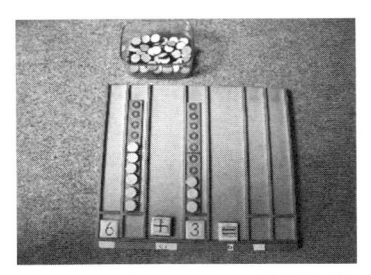
図40　マグネットの足し算計算盤

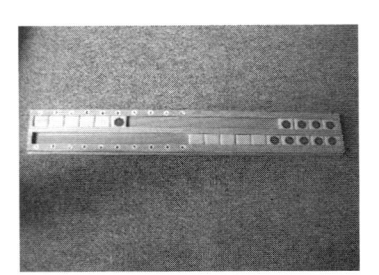
図41　タイルの足し算計算盤

第4節　絵や字を書く

線をなぞる

　ユウナちゃん（13歳）は書くことがあまり好きではありません。鉛筆を持たせると少しなぐり書きをしますが，白抜きや点線をなぞって線を書くことはありませんでした。そこで，まずアクリル板に敷居スベリを貼って（図42参照），その上を指でまっすぐなぞってもらいました。続けて，厚紙に直線の溝を切り込んで（図43参照），溝をマジックでなぞってもらうと，溝に沿って上手にまっすぐな線が書けました。次に，黒い紙上の白抜きの直線（図44参照）をマジックでなぞってもらうと，まっすぐな線を書くことができました。同様の手順で，く や つ 等の簡単な文字も，先ず厚紙の溝をなぞって書くようになり（図45参照），次に黒紙上の白抜きの文字もなぞって書くようになりました。

図42　敷居スベリ

図43　まっすぐな溝

図44　白抜きの直線

図45　溝を切り抜いた文字

文字をなぞる

　ケント君（13歳）はヒーロー戦隊の人形が好きで，ヒーロー戦隊のはめ板（図46・47参照）を通して「あか」「きいろ」「みどり」などと言えるようになりました*。ある時，ケント君に黒紙上の白抜きの文字をなぞってもらうと，行きつ戻りつ一筆書きでなぞりました。そこで，得意な色を活用して，1画ずつ色を変えて点線で文字を書いてみました。すると，「あか」「あお」「きいろ」の指示に応じて，1画ずつ別々に点線をなぞるようになりました。この後，黒紙上の白抜きの文字に戻しても，けんと や まま 等を1画ずつ上手になぞるようになりました。

　サチエちゃん（17歳）に黒紙上の白抜きの文字をなぞってもらうと，起点から終点へ最短距離でなぞってしまいました。ケント君にした様に1画ずつ色を変えてみても，結果は同じでした。そこで，1画ずつ空間的に分けて練習してみることにしました。例えば，さ の文字は，まず1画ずつ分けて書き順に沿ってなぞってもらいました（図48参照）。この後で先程の さ の文字に戻すと，今度は正しく1画ずつなぞることができました（図49参照）。同様にして，ち え の文字も上手になぞるようになりました。

図46　右手に人形を持つ

図47　色名学習の教材

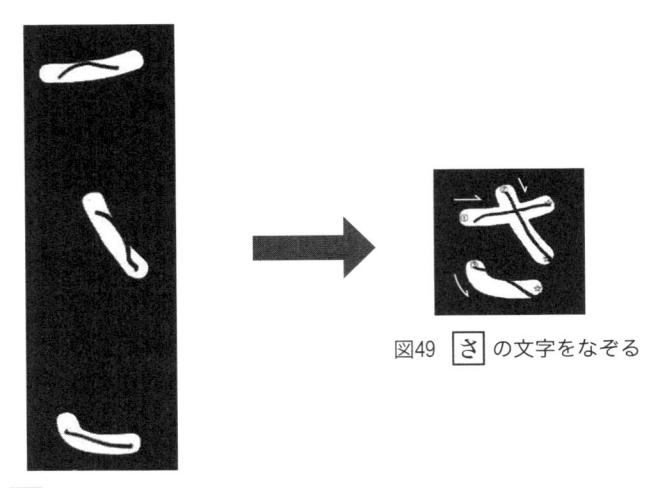

図48 　さ　の文字を1画ずつ分ける

図49 　さ　の文字をなぞる

＊ 小竹利夫 (2005)「色名を覚える」，研究紀要 学習の記録，No.16，前橋こどものへや・太田こどものへや，
　 p.19.参照

窓の曇りに指で絵や字を書く

　シホちゃん（8歳）は，窓ガラスや風呂場のタイルの曇りに指でアルファベットの文字
や漢字を書くそうです。紙に鉛筆で書くよりも，窓やタイルに指で書くのが好きなのだそ
うです。

　（サ）ユウキ君（6歳）は，鉛筆で書くのは嫌がりますが，窓ガラスや風呂場の壁の曇り
に指でマークや字を書くそうです。

　ユカちゃん（6歳）も，紙には書きたがりませんが，窓ガラスや浴槽の曇りに指でリン
ゴやアイス等の絵を書くそうです。

　指で直接書いた方が，道具を使うよりも書いている実感を味わえると思います。シホち
ゃんのお母さんによれば，窓やタイルに指で書くのは，間違ってもすぐに手で消せる安心
感があるからだそうです。確かに，窓ガラスやタイルなら，思い通りに書けない苛立ちを
速やかに消し去る利点があると思います。市販のおえかきボード（商品名「せんせい」）
はこの利点を満たしているので，「こどものへや」ではよく利用しています。

続けて，書き足す

　（サ）ユウキ君（6歳）は，電話帳の広告を指差して文字やマークを書いてくれと要求します。
求めに応じてせっせと書き続けたら，しばらくして自分でもそれらしき文字やマークを書
くようになりました。ただし，ペンで書くのは嫌がり，もっぱら家の窓の曇り等に指で
書きました。「こどものへや」では，トレーシングペーパーや文字の形をくりぬいたカー
ド＊をなぞって文字を書いたり，おえかきボード（商品名「せんせい」）にＳ・＋・Ｖ等
のマークを書いたりすることがありました。しかし，思うように書けないためか，自分で
はあまり書きたがらず，もっぱらペンを寄こして書いてくれと要求します。

　ある日，私がおえかきボードにユウキ君が好きな文字を途中まで書いてペンを置くと，ユウキ君は間もなくそのペンを取って続きを書き出しました。例えば，私が ナ と書くと，続けて リス と書きました。また，私が 薬ヒ と書くと，続けて グチ と書きました。この様にして，ユウキ君は「こどものへや」で初めて文字を書きました。一人では不安で書きたくなくても，一緒になら安心して書くことができるようです。

　後日，お母さんが「私がわざと髭のない猫や煙突のない家を書いてみせると，それに髭や煙突を書き足すようになりました」と報告して下さいました。

　その後，書くことに対する不安は次第に無くなり，1年後には食べたい物や行きたい場所の名前を，例えば キムチ とか 那須インター 等とスラスラ書いて伝えるようになりました。

* 「文字を覚える」p.68 の図24 を参照

子どもが仕上げる

　「絵を描きたがりません」との訴えをよく耳にします。ヒロタカ君（3歳）のお母さんも「なぐり書きしかしません。最近，『ブ，ブ』と言って，○を書くようになりましたが，あまり絵を描きたがりません」と言われました。しかし，なぐり書きや○も，子どもにとってはりっぱな絵です。喃語が言葉に発展するように，沢山のなぐり書きや○を書いた時，親が上手に褒めてあげると，子どもはまた書いてみたいという意欲を持つと思います。

　しかし，子どもによっては，思い通りに書けないので，絵を描きたがらないことがあります。ヒロタカ君もその様な印象を受けたので，私が車の輪郭を描き，タイヤだけヒロタカ君に書き足してもらいました。これらは○を書けば良いだけなので，ヒロタカ君は容易に車の絵を仕上げて満足げでした。同様に，私が鼻の無いアンパンマンの顔を描くと，ヒロタカ君は鼻の所に○を書き入れ，この絵を仕上げて嬉しそうに笑いました。

　お母さんは，早速，家でも救急車やアンパンマンの顔の輪郭を描き，簡単な部分をヒロタカ君に書き足してもらい，親子でお絵描きを楽しんだそうです。すると，間も無く，ヒロタカ君は一人で何やら絵を描くようになり，ある日，「おにたーん，こわーい」と言って鬼の様な絵を描いたそうです（図50 参照）。ヒロタカ君が一人で顔らしき絵を描いたのは，この時が初めてだそうです。

図50　鬼の絵（描き上げた後，口の辺りをなぐり書きする）

自分の意志で絵を描く

　ヒデノリ君（26歳）は手足にマヒがあり，ペンを持つことも，持った手を動かすことも思い通りにいきません。これまで，絵を描くとしたら，他人がペンを一緒に持ち，他動的にヒデノリ君の手を動かして描くぐらいでした。ある日，G大学でヒデノリ君の機能訓練を担当する学生さんが，「ヒデノリ君の手を持って，ヒデノリ君が動かそうとしている方向を読み取り，その方向に手が動くように助け，余計な動きは抑えてあげれば，ヒデノリ君も自分で絵が描けます」と話してくれました。これまで，一人で描くことが自分で描くことだと思っていた私には，この考えは新鮮でした。

　早速，学生さんのガイドを受けヒデノリ君が絵を描くところを実際に見せてもらいました。学生さんはマジックを持ったヒデノリ君の手に自分の手を添えて，ヒデノリ君の動きに合わせてガイドしようと努めました。そして，ヒデノリ君は握り締めたマジックを画用紙の上で一生懸命動かしました。傍らで見ていると，マジックを動かしているのは学生さんなのかヒデノリ君なのかよく分かりませんでした。しかし，その時のヒデノリ君の真剣な顔は，自分で描いていることを主張していました。実際，学生さんに代わって私が拙いガイドを試みた時，自分でマジックを動かそうとするヒデノリ君の意志を肌を通して感じ取ることができました。

　この様にして，26歳にして初めてヒデノリ君は自分の意志で絵を描き始めました。

図51　学生と共同で描いた自画像

メを書く

　エリカちゃん（10歳）は，平仮名文字を全て書けるようになり，カタカナ文字を書く勉強に進みました。カタカナ文字を上手になぞるようになった後，少しずつ見本の文字を真似て書くようになりました。しかし，メの字がどうしても╳の様に二つの線が長くなってしまいました。斜線を1本ずつ模写させてみると，／に対しては正しく／と書きますが，＼に対しても／の様になりました。そこで，メの字の＼を緑で，ノを青のように異なる色で書いてみました。すると，エリカちゃんは，同じ様に2色でメの字を正しく模写できました。その後，1色でもメの字を正しく模写するようになりました。

　しかし，その後，メの字は再び崩れ，╳の様に長短の長さが逆になってしまいました。そこで，長短2本の棒を用意して，見本に合わせて交差させて置く勉強をしました。これは，見本に合わせてメの様に置くことがすぐにできました。そして，その棒をなぞってメ

の字を書くことができましたが，その日は棒が無くなると崩れてしまいました。

　その後，お母さんが家で丁寧に教えられた結果，1週間後に来たエリカちゃんは上手にメの字を書くようになっていました。

○△□を書く

　エイジロウ君（15歳）のお母さんが「見本通りに○・△・□・く・へを書かそうとしたら，全部丸っぽくなってしまいました。それで，例えば，△を△のように離して書いてみせたら，上手に△を書きました。その後，△も正しく模写できるようになりました。同じ様にして，□・く・へも正しく模写するようになりました」と話して下さいました。

　これまで，∴の様に点を結ばせるやり方を採ってきた私は，なるほどこういうやり方もあるのかと感心しました。早速，エリカちゃん（10歳）のカタカナの勉強に応用しました。エリカちゃんはカタカナのカの字が⼒の様に丸くなってしまいました。そこで，私が見本として⼒の様に離して書いてみせると，すぐに正しくカの様に書くようになりました。

チラシが教科書

　トオル君（12歳）は買い物が好きです。毎朝，朝刊に入ってくるスーパーのチラシを見て，いつ，どのお店で，何が安いかをチェックします。学校がある日は，チラシをカバンに詰めて登校し，休み時間などに書き写しているそうです。「こどものへや」にもチラシを持参してきて，買い物学習の時などに活用します。具体的には，トオル君はチラシを見て，今日買う予定の品物の名前と値段を紙に書き写します。チラシの文字なら平仮名のみならずカタカナ・漢字・アルファベットでも理解していて，パイナップル56円・おっとっと136円・ALMONDO35円などと書き写します。また，電卓を駆使して，買い物リストの合計を計算して，277円と書き足します（図52参照）。値段が同じ品物を複数個買う時は，掛け算も使って計算します。

　このように，大好きな買い物に関係すると，トオル君は一人でどんどん難しい文字を書き，計算もします。トオル君にとっては，スーパーのチラシはまさに教科書のような物です。ご両親はトオル君の気持ちを大切にされ，トオル君が書いた買い物リストに合わせて，お店を回って買い物に付き合うのだそうです。この様なご両親の支えがあるからこそ，トオル君は自信を持って買い物を展開できるのだと思います。

図52　電卓で買い物リストの合計を計算する

第5節 探索する

電話帳を見る

　(サ) ユウキ君（6歳）は，電話帳を見るのが好きです。特に病院やホテルや会社の広告が好きで，電話帳の広告を指差して文字やマークを書いてくれと要求します。お母さんや私は，その要求にできるだけ応じるようにしてきました。すると，ユウキ君は自分の要求を伝えたくて，身振りや文字や言葉を使うようになりました*。

　お母さんは「そういえば，ユウキが書いてほしがる広告は，いずれも近所や実家に行く道すがらに同じ名前の大きな看板があります」と言われました。ユウキ君は看板と電話帳の広告との見本合わせをしていたのでした。

　最近，ユウキ君は広告の文字やマークや絵をスラスラ自分で書くようになりました（図53 参照）。お母さんは「ユウキは，電話帳を通して言葉が出てきたし，書くことも覚えました。電話帳様様です」と嬉しそうに話されました。ユウキ君にとって電話帳は教科書のようなものです。

図53　ユウキ君が書いた作品（原版はこの7倍大です）

* 「様々なコトバで伝える」p.38. 参照

遊園地の乗り物に乗る

　(タ) ナオヤ君（6歳）は，遊園地の乗り物には乗りたがらないそうです。ある日，お母さんは「いろいろ体験させようと思って，遊園地によく連れて行きます。以前は，嫌がっても乗せてみましたが，段々と乗り物の傍まで行くだけになり，今では離れた所から見るだけになりました」と言われました。ナオヤ君のペースに合わせて，少しずつ慣れていくと良いと思います。

　(サ) ユウキ君（6歳）も，遊園地の乗り物には乗りたがりませんでした。それが，ある日，「こどものへや」の台所にあった幼児車にひょいっと自分から乗ることがありました。それを見てお母さんは「家にもありますが，絶対に乗りません」と言って驚かれました。その後間も無く，お母さんは「あの後，遊園地でこれまで乗らなかったパトカーや救急車の玩具に乗るようになりました」と嬉しそうに報告して下さいました。

どの子も自分のペースで少しずつなわばりを広げていきます。子どもが自ら踏み出すまで，無理強いはしないで，気長に待ってあげたいと思います。

散らすは整えるの基盤

マキちゃんは，「こどものへや」に来始めた頃（当時 3 歳），玩具や教材を棚や箱から取り出しては放ることを盛んにしていました。お母さんは「放るばっかりで困ります」と言われました。その後，徐々に，玉や積木等を箱や容器に入れるようになりました（図54 参照）。4 歳頃には，リングを棒にさしたり，木片を穴に入れたりもするようになりました。そして，5 歳のある日，突然，積木を箱の底に整然と並べ置き，側で見ていたお母さんと私を驚かせました。

私の二人の子どもの成長過程を振り返ってみても，先ず手にした物を片っ端から何でも取り出す行動がしばらく続き，その後に入れる行動が見られるようになり，更に並べる行動へと続きました。

入れたり並べたりする行動は，出すことを活発に行なった後に起きるようです。

図54　玉を円筒に入れる

長さの違いを意識する

(コ) マサヒロ君（12 歳）は，四角い板を細長い穴から入れる課題に取り組みました。正方形の板は上手に入れましたが，長方形の板になると難渋しました。長方形の板の場合，長い辺は穴につかえてしまうので，短い辺から穴に入れなければなりません。マサヒロ君は長い辺から入れようとして何度も行き詰まりました。そこで，図 55 の様に，長方形の板にアンパンマンが立っている絵を貼り付けました。すると，マサヒロ君は板を 90 度回

図55　絵を貼った長方形の板を
　　　細長い穴から通す

転させて，短い辺から穴に入れるようになりました。その後，絵が無くても，同じ様に板を起こして短い辺から穴に入れるようになりました。絵がマサヒロ君に板の縦と横の長さの違いを意識させたようです。

見る工夫

　トモヒロ君（6歳）は生後間も無く未熟児網膜症にかかりました。正確な測定はできませんが，左目の方が視力は弱いそうです。それでも，右目より左目の方が見やすいらしく，物を左目に近付けたり，あるいは自分の顔や体を少し右に向けて左目で物を見ようとします。例えば，アニメの登場人物の絵の見本合わせ課題（図56参照）では，見本の絵が貼ってある板を左目に近付け「ポコニャン」「ポンキッキ」等と言い当ててから，同じ絵カードのある枠に置きました。

　また，円柱を筒に入れる課題（図57参照）では，左手で筒を掴んで，右手で円柱を入れました。また，長い柄の付いたリングを棒にさす課題（図58参照）では，右手で柄を，左手でリングを持ち，更にその左手で棒の先を探るようにしてさしました。両課題とも，トモヒロ君にとっては少し難しい課題です。それで，トモヒロ君は目では測りにくい対象物の長さや距離を，手で探り，測ることによって補っていたようです。

　見るための上記の工夫をトモヒロ君は自分で考え出しました。この様にして，トモヒロ君は懸命に物を見ようとします。

図56　絵の見本合わせ

図57　円柱入れ

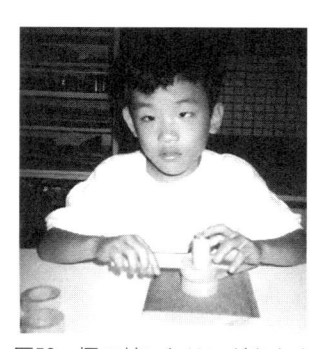

図58　柄の付いたリングをさす

第6節 概　　念

左右の学習

　カズヤ君（17歳）は文字を読めますが，言葉（音声）の使用は限られていました*。

　ある時，カズヤ君は「みぎ」「ひだり」の言葉の意味を勉強しました。図59の様に，箱を二つ併置し，一方の箱の中にのみ，当たり刺激としてお菓子を入れておきました。そして，お菓子のあるところは，$\boxed{みぎ}$ または $\boxed{ひだり}$ と書いた単語カードを呈示して教えました。カズヤ君は「みぎ」「ひだり」の意味がなかなか分からず，誤った選択が続きました。そこで，図60の様に，単語カードに方向を示す矢印を付けてみました。こうすることで，単語カードの矢印が単語の意味を象徴し，対応付けが容易になると考えました。すると，カズヤ君は自ら矢印に対応する方向を指差して，箱を正しく選択するようになりました。その後，矢印を除いても，見本文字に対応する方向を指差して，箱を正しく選択するようになりました。

　この学習の成立後，買い物へ行く車の中で，カズヤ君は矢印付きの文字カードを見ながら行きたい方向を指差して言葉で「みぎ」「ひだり」と言うようになりました。その後，矢印付きの文字カードが無くても，行きたい方向を言葉だけで「みぎ」「ひだり」と言うようになりました。

　上記の経過から，言葉が意味する事柄を象徴する矢印を添えたことが，言葉の意味の獲得を容易にしたのだと思います。カズヤ君は，学習場面で獲得した言葉を，生活の中で使うようになりました。

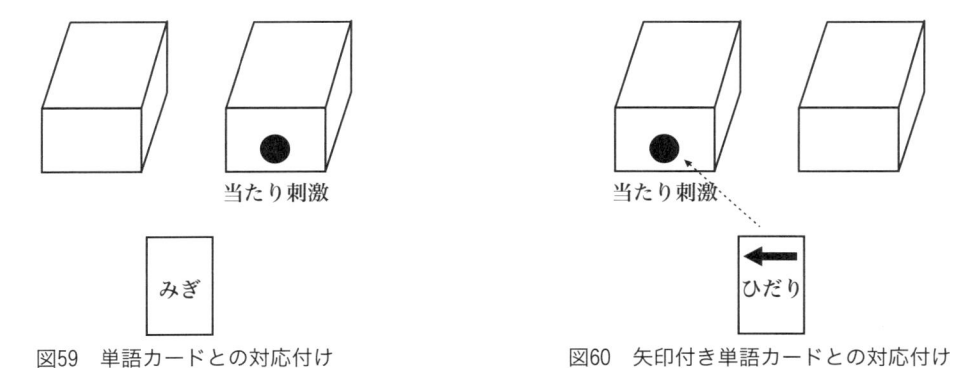

図59　単語カードとの対応付け　　　　図60　矢印付き単語カードとの対応付け

* 「その人のコトバを大切にする②」p.55.参照

大小の学習

　トモミちゃん（13歳）は言葉（音声）をかなり理解していますが，言葉を発することには抵抗を示し，限られた場面でしか使いませんでした。

　トモミちゃんは，「おおきい」「ちいさい」の言葉の意味をまだ知りませんでした。ある時，トモミちゃんはこの言葉の意味を勉強しました。図61の様に，大きい紙に $\boxed{おおきい}$

小さい紙に ちいさい と書いて，大小2枚の色紙との対応付けをはかりました。単語カードの大きさの違いが単語の意味を象徴しているので，対応付けが容易になると考えました。トモミちゃんは，すぐに， おおきい ちいさい のカードを正しく大小の色紙に重ね置くようになりました。その後，図62の様に，単語カードの大きさを等しくしても，正しく対応付けるようになりました。更に，この学習の過程で，「おおきい」「ちいさい」の発声を伴なうようになりました。

　この大小の学習が成立した頃，トモミちゃんは家で様々な二つの物を比べては「おおきい」「ちいさい」と言って回ったそうです。

　トモミちゃんは，学習した言葉を使って，家族とのやりとりを楽しみました。この様に，学習した事柄が，学習場面から生活場面に広がったことを嬉しく思います。

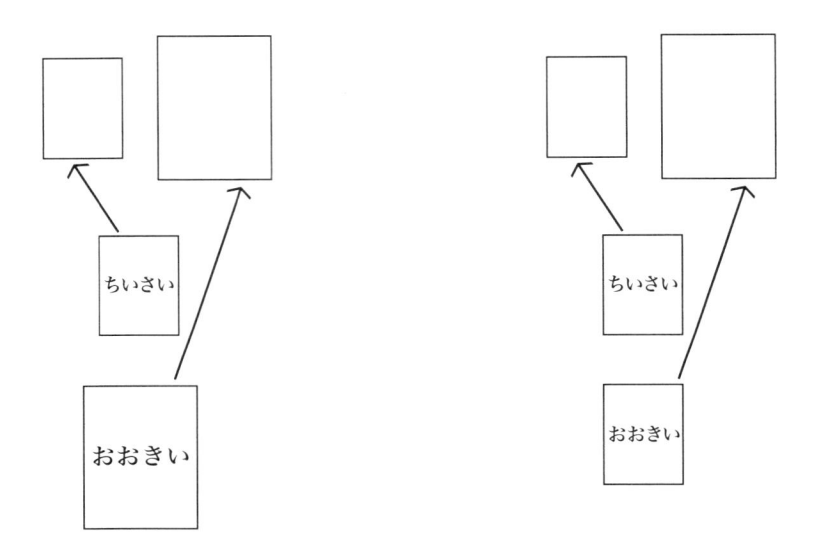

図61　大きさが異なる単語カードとの対応付け　　　　図62　同大の単語カードとの対応付け

疑問詞絵カードに答える

　「なに？」「どこ？」「だれ？」といった疑問詞は，子どもによってはその意味の理解が難しい言葉です。ケイ君（8歳）に「どこ？」と質問すると人の名前を答えたり，「いつ？」と質問すると場所を答えたりすることがありました。

　そこで，疑問詞の意味を分かり易くするために，中野先生の実践*を参考にして図63の様な象徴的な絵を描いたカードを添えて質問してみました。すると，ケイ君は，絵カードを見ながら疑問詞の意味を理解して，次々と正しく答えていきました。その後，絵カードが無くても，疑問詞に上手に答えられるようになりました。例えば，「今日は学校で何をしたの？」と尋ねると「おそうじ」と答え，「どこで写真を撮ったの？」と尋ねるとちゃんと場所を教えてくれました。

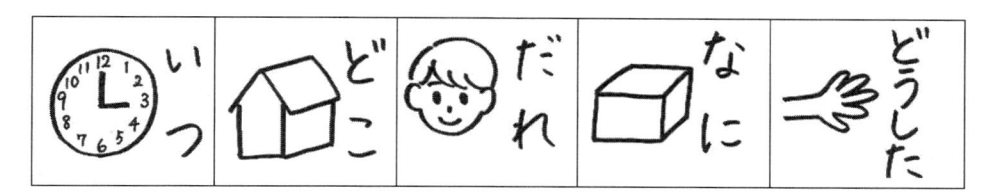

図63　疑問詞絵カード

＊ 中野尚彦（1991）「年勝君，疑問詞疑問文に応答する」，学習の記録，№ 3，あらまきこどものへや，pp. 1-19. 参照

第7節　文

文を作る

　ある日，_(ナ)タツヤ君（7歳）は比較構文を構成する勉強をしました。タツヤ君は二枚の動物の切抜き絵カードを見て， は おおきい ， は ちいさい といった文構成枠の空欄に動物の名前を正しく入れました。

　 は より おおきい といった文になると，タツヤ君は難しいらしく， ねこ は くま より おおきい 等と誤って作りました。私が より の部分を隠して，最初に は より おおきい を考えるようガイドしましたが，成績は好転しませんでした。何度か躓いた後，タツヤ君は自分で助詞カード は と より を交換して考えるようになりました。

　即ち， より は おおきい と構成文を直してから，空欄に動物名を入れました。こうした方がタツヤ君には分かり易いらしく，正しい名前を入れるようになりました。その後， は より おおきい といった文に戻しても，正しく解答するようになりました。

　意味上で直接結び付く言葉同士を距離的にも近接させた方が分かり易いことをタツヤ君は示してくれました。

3語文を話す

　カズキ君（14歳）は，長い言葉を話すのが苦手です。お母さんの話では，これまで3語文はいくら教えても難しかったそうです。試しに，図64のような絵カードを見せて「くまが，ほんを，よむ」と教えてからカズキ君に内容を尋ねると，カズキ君は「くま，ほん」とか「ほん，よむ」と答えて，確かに3語つなげるのは難しそうでした。

　そこで，次の勉強の日に，主語と目的語と動詞をはっきりさせるために，主語の絵カード・目的語の絵カード・動作を含んだ絵カードの3枚を並べてみました（図65参照）。すると，カズキ君は3枚の絵カードを見て「くまさん，ほん，みている」とつなげて言えました。お母さんは「そうだよね。カズキは本を読むんじゃなくて，見るんだよね」と嬉し

図64　動作を含んだ絵カード

図66　動作を含んだ絵カード

図65　三枚の絵カード

そうに話されました。他にも，3枚の絵カードを見て，「いぬ，パン，たべてる」とか「おとうさん，おさけ，のんでる」とか言えました。

　次の勉強の時には，3枚の絵カードを見て「くまさんが，みずを，のむ」と助詞を付けて言うこともありました。さらに，動作を含んだ絵カード（図66参照）1枚だけを見せても，「きつねが，ぱんを，たべる」と3語文で答えることができました。

　こうしてカズキ君は，絵を見て「だれが，なにを，どうしてる」と3語文で言えるようになりました。カズキ君はおもちゃが好きで，「こどものへや」から帰る時，いくつかのおもちゃを借りて帰ります。この日も，変身できるロボットを3体借りたくて，「せんせい，みっつ，かして下さい」と上手に3語つなげて言うことができました。

第8節　やりとり

わざと間違う

　アイちゃん（5歳）は，図67の様な動物と乗り物のはめ板が気に入り，すぐに上手にできるようになりました。そんなある日，アイちゃんは木片をわざと違う穴に入れようとして，私の顔を見ました。私が「えーっ」と大げさに驚いてみせると，アイちゃんは自分でも「えーっ」と言って笑いました。

　同じ様な出来事は，他の子どもたちにもありました。ミクちゃん（5歳）は，図68の

様な，アンパンマンの仲間達の絵の丸いはめ板をわざと間違えました。私が「えーっ」と大げさに驚いてみせると，嬉しそうに笑いながら正しくはめ直しました。

図67　動物と乗り物のはめ板

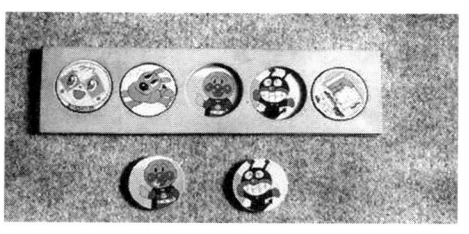

図68　アンパンマンの丸いはめ板

図69　見本文字に合わせて単語を構成する

　カナちゃん（6歳）も，図69の様な果物の名前を構成する課題で，文字タイルをわざと違う見本文字の上に置きました。そして，お母さんや私が「えーっ」とか「ちがうよ」と言うと，自分も「ちがう，ちがう」「そうだ，あった」「できたね」等と言いながら修正していきました。

　皆，わざと間違って，大人達の反応を楽しんでいるようです。課題の正誤よりも，人とのやりとりが広がることを大切にしたいと思います。

やりとりを楽しむ①

　(ミ) カオリちゃん（6歳）は発語がありません。お母さんの話では，指差しや身振りもしないそうです。カオリちゃんは，もっぱら人の手を取って要求を伝えます。

　「こどものへや」に初めて来た時，カオリちゃんは教材棚からはめ板や構成パズル等の教材を次々と取り出して，床に散らして回りました。私はカオリちゃんの後について，その教材を片付けて回りました。

　しかし，2回，3回と通所を重ねていくと，カオリちゃんは椅子に長時間座って勉強するようになりました。例えば，簡単な形のものから始めたはめ板課題は，4回目の通所の時から数字のはめ板（図70参照）も成立しました。分割絵の構成課題も，2分割（図71参照）から始めて，まもなく4分割まで成立しました。更に，文字や数字の形の見本合わせ課題も，選択肢を5肢から始めて，すぐに10肢（図72参照）まで増やすことができました。カオリちゃんは，特に，見本の文字に合わせて単語を構成する課題（図73参照）

図70　数字のはめ板図

図71　2分割絵の構成

図72　文字の見本合わせ

図73　単語を構成する

が気に入った様子で，一つの単語を構成し終わると，私の手を取って単語カードの入った箱に持っていき，次のカードを催促しました。後には，カードを手で差して，次のカードを催促するようにもなりました。

　単語を構成する時，カオリちゃんはとても楽しそうです。カオリちゃんは，教材を介して人とやりとりを楽しんでいるのだと思います。お母さんは，早速，平仮名50音表の教材を家に持ち帰り，家でもカオリちゃんと勉強を始めました。

やりとりを楽しむ②

　クニユキ君（10歳）は，言葉（音声）をかなり理解していましたが，発語はありませんでした。クニユキ君は欲しい物があると手で指したり，直接その物を持ってきたりしました。「こどものへや」に通い始めた頃，お母さんは「排泄をはじめとした身辺処理の自立が課題です」と言われました。しかし，1時間余りの勉強時間の中で排泄を直接指導することは難しいので，机上で教材を介して人との緊密なやりとりを増やすことにしました。

　クニユキ君は，呈示された教材にとても楽しそうに取り組みました。〇・△・□等の図形のはめ板（図74参照）やT・L・E・F等のアルファベットのはめ板（図75参照）は，何度か繰り返すと，すぐにできるようになりました。絵や数字や文字を貼ったタイルを同じ絵や数字や文字カードの上に重ね置く見本合わせ課題（図76参照）も大体できるよう

になりました。乗り物の絵のジグソーパズル（2ピース）や食べ物の絵のはめ板（図77参照）は特に気に入り，自ら希望して繰り返し取り組みました。教材を家に貸し出したところ，お母さんは「見える所に置いておくと，自分から持ってきて，やろうと要求しました」と報告して下さいました。

　その後間も無く，クニユキ君は通所をお休みすることになりました。2年後，クニユキ君が発作を起こして急死したとの訃報を耳にしました。お線香をあげにご自宅に伺うと，その仏壇には「こどものへや」で楽しそうに学習しているクニユキ君の写真が置いてありました。「こどものへや」でのクニユキ君とのやりとりを今でも鮮明に思い出すことができます。通った期間は短かったけれども，クニユキ君は「こどものへや」で充実した時を過ごしたからだと思います。

図74　図形のはめ板

図75　アルファベットのはめ板

図76　数字の見本合わせ

図77　食べ物の絵のはめ板

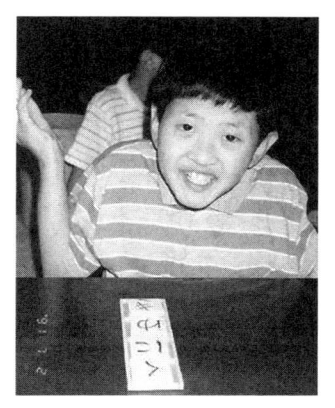

図78　文字タイルを同じ文字カードに合わせて名前を構成する

役割を交替する

　ショウヘイ君（8歳）は平仮名文字を少しずつ読めるようになり，発語も増えてきました。ある時，図79の様な箱を使って「うえ・まんなか・した」の言葉の勉強をしました。箱には3段の引き出しがあり，それぞれに うえ まんなか した と文字カードが付いています。先ず，ショウヘイ君に手で目を覆ってもらい，その間に私がいずれかの引き出しにお菓子を一つ隠します。次に，私が「もういいよ」と言ってショウヘイ君に目を開けてもらい，お菓子のあるところを「うえ」とか「した」と言って教えました。すると，ショウヘイ君は私の言葉と箱の文字カードを対応させてお菓子を探しました。ショウヘイ君はこの課題を気に入り，しばらく続けました。その後，ショウヘイ君は私を指差して，自分の目を手で覆いました。これは，今度は自分がお菓子を隠すから，先生は目を手で覆え，ということです。私がそうすると，ショウヘイ君は嬉しそうにお菓子を箱に隠しました。そして，「いいよ」と言ってから，お菓子のあるところを指差して教えてくれました。時には，「うた（うえ）」「した」と言葉も出ました。

　役割を交替しながら，ショウヘイ君は楽しく課題を続けました。先生の役を演じることは，どの子どもにとっても楽しいことのようです。

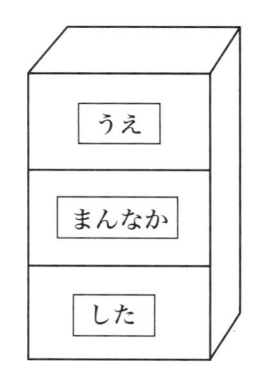

図79　3段の引き出しのある箱

人が人と学習することの意味

　ヒデノリ君（28歳）は手足にマヒがあり，身辺処理は全般にわたって介助を必要とします。人の話はかなり理解していますが，自分で話すことはほとんどできません。質問に対して，「うん」と言って頷いたり，「ううん」と首を横に振って答えたりすることができます。

　以前はヒデノリ君が毎週「こどものへや」に通ってきましたが，現在は月に1回私がヒデノリ君のお宅を訪問しています。学習の内容は，平仮名文字が中心です*。最近の1ヶ月間で楽しかった出来事等をお母さんから聞いて，それを題材にしていろいろ質問するようにしています。ヒデノリ君はいつも人の話を黙って聞くばかりなので，自分の事を聞いてもらえるのは嬉しいみたいです。ヒデノリ君は私の訪問を楽しみにしてくれているそうで，それを励みに片道車で1時間半の道程を通い続けています。

　ある時，G大学でヒデノリ君の機能訓練を担当する学生さんがヒデノリ君の家を訪れ，

ヒデノリ君に話しかけたり，一緒に絵を書いたりして帰ったそうです＊＊。お母さんの話では，その日，ヒデノリ君は何故か苛立っていたそうです。それが，学生さんが帰る頃には，すっかり機嫌が直っていたそうです。その事に関連させて，お母さんは「先生が月に１回来てヒデノリの気持ちを聞いて下さることには，こんな効果もあるんですね」と言われました。私は学生さんほど丁寧にヒデノリ君の気持ちを聞いているとは思いません。それでも，お母さんの話を伺って，人が人と学習することの意味をあらためて教えられた気がしました。

　学習は，一方的な知識の教え込みになってはいけないと思います。人が人と学習するということは，相互のやりとり，コミュニケーションの一つであると思います。

＊　「学校を卒業して，文字を覚える」p. 69. 参照
＊＊「自分の意志で絵を書く」p. 82. 参照

第4章　気持ちを調整する

　人は行動を起こして，自分を調整します。「パニック」や「閉じ籠り」といった行動も，それを起こすことで動揺した気持ちを鎮める役割があります。しかし，できればその様な激しい行動ではなく，もっと穏やかな行動で気持ちを調整するようになって欲しいと思います。

　様々なコトバには，単に人とのやりとりの手段だけでなく，自分の行動や気持ちを調整する手段としての働きがあります。既に言葉（音声）を獲得した私たちは，言葉を使って考え，自分の行動や気持ちを調整します。まだ言葉を獲得していない子どもたちも，発声や身振り等のコトバを自らに発して自分を調整します。

　様々なコトバを持つことで，やりとりが広がるだけでなく，自己調整の進展が期待されます。大事なことは，単にコトバを増やすことではなく，そのコトバによってより良い調整の仕方*を身に着け，安定した生活を送れるようになることだと思います。

* 梅津八三（1976）「心理学的行動図」，重複障害教育研究所紀要，創刊号．参照

身振りで行動を抑制する

　ヨウ君*（8歳）は，「こどものへや」に来ると，すぐに一人で近所の薬局へ走って行きました。それを制止しようとすると，頭をぶつけたり，手で叩いたり，物を投げたりして激しく抵抗しました。薬局に着いたヨウ君は，リポビタンDやコーラック等の薬を3，4個選び取り，「こどものへや」に戻って封を開け，中身を捨てました。そして，帰る時に，空になった容器を大事に持って帰りました。

　こうしてヨウ君は薬の容器を収集していました。これまで，周りの大人達は，なんとかこの薬の容器の収集を止めさせようとしてきました。それに対して，ヨウ君は一人で外へ飛び出し，激しく抵抗しました。そこで，力ずくで止めようとする姿勢を改め，むしろこちらから誘うぐらいの気持ちで，ヨウ君の薬の容器の収集に付き合ってみることにしました。具体的には，ヨウ君が来たら，すぐに私の方から「薬，行こう」と言って，ヨウ君の手を引いて薬局に誘うようにしました。初回は，ヨウ君は私の手を振り切って一人で薬局へ走って行きましたが，3回目には，私の手を引きにくるようになりました。そこで，一緒に薬局へ行く途中，私は人差し指を立てて「1個だよ」と言うようにしました。すると，次回には，ヨウ君も人差し指を立てて，薬を1個だけ持って店を出るようになりました。その後，ヨウ君が薬の封を開けようとしたら，私は人差し指を交差させて「だめ」と言って制止するようにしました。これに対しても，間も無く，ヨウ君も人差し指を交差させて，封を開けることを止めるようになりました。

　この様に，ヨウ君の薬の容器の収集に私が付き合うことにより，次第にヨウ君は私の言葉や身振りを受け入れ，自らも身振りを発して薬の容器の収集を抑制するようになりました。

＊　小竹利夫（1985）「行動の切り換えによる調整の進展を目指した援助活動」，上毛障害児研究会研究資料，No.27. 参照

「自傷」を抑える①

　(テ)マサヒロ君（12歳）は，言葉（音声）を発しませんでしたが，行動を通して自分の思いを率直に表現しました。マサヒロ君は，家や「こどものへや」でやりたい事を徹底してやり，納得のいかない事は頑として拒否しました。ご家族も担当のヒロコ先生も，マサヒロ君の行動からマサヒロ君の気持ちを理解し，大切にしてこられました。気持ちを細やかに受け取ってくれる人達に恵まれて，マサヒロ君は家でも「こどものへや」でも安定した時間を過ごしました。

　そんなマサヒロ君も，自分で自分を激しく叩くことがありました。その場面に居合わせた人は，その激しさに圧倒され，叩く行動をもっと柔らかな行動に変えたいと願わずにはいられませんでした。しかし，人の行動には全て意味があります。マサヒロ君が自分を叩く行動にも，叩かずにはいられない理由がマサヒロ君にはあったのだと思います。マサヒロ君が必要として起こした行動ですから，他人が力ずくで止められるものではありません。マサヒロ君本人が納得して止めるしかありません。やがて，マサヒロ君は叩くことを防ぐ術を自分で考え出しました。最初に，マサヒロ君は服の裾から手を入れて，服に手を絡めて叩くことを防ぐようになりました。その後，お母さんが紐を用意すると，その紐に手を絡めて叩くことを防ぐようになりました。

　叩かざるをえない自分とそれを防ごうとする自分との葛藤の中で，叩くことを抑える方法をマサヒロ君は自分で考え出しました。服や紐に複雑に絡めた手を，他人はなかなか解けなくても，大好きなお風呂に入る時などに，マサヒロ君は自分でさっと解くそうです。

「自傷」を抑える②

　ユカちゃん（9歳）は，泣きながら自分の顔や頭や体を拳で叩いたり，手の甲を噛んだりすることがあります。人が起こす行動には全て意味があります。自分を叩いたり噛んだりする行動も，ユカちゃんなりにそれをせざるえない理由があるのだと思います。

　ご両親は，ユカちゃんの気持ちをできるだけ汲み取り，苛立つ原因を取り除くようにしてこられました。しかし，苛立つ原因を尋ねても，言葉を話さないユカちゃんは何も答えてくれません。ご両親によれば，眠かったり，かゆかったりと体調が悪い時に叩くことが多いそうです。それ以外にも，欲しいお菓子が無かったり，嫌な事をさせられたりした時などにも叩くことがあるようです。

　春休み前頃からこの「叩き」は激しさを増し，春休み中絶え間なく頭や体を叩き続けるようになり，春休みが明けた頃には無数のあざで痛々しい姿になっていました。その後も，

この激しい「叩き」はしばらく続きました。この間，お母さんはユカちゃんが叩かずに済む方法を模索されました。しかし，病院からもらった薬も効果は無く，顔にタオルを巻いたり頭に帽子を被せてみたりしてみても，ユカちゃんはすぐに取り払ってしまったそうです。そのうち，ユカちゃんは叩いて傷ついた顔や頭にお母さんの手を取って当てるようになりました。お母さんの手があると，少なくともその個所は叩かなくなりました。1ヶ月程経過した頃から，四六時中激しく叩き続けるということは次第に少なくなっていきました。

　夏休みが明け，久し振りに「こどものへや」にやってきたユカちゃんは，頭にヘアバンド，手首にリストバンドをしていました（図1参照）。このことに関して，お母さんは次の様な話をして下さいました。

　「夏休みに入って，布団にもぐってゴロゴロ寝ている日が続きました。夜なかなか寝付けないと激しく叩くので，腕の肘の所を週刊誌で固定して叩けなくしました。すると，その夜は週刊誌をしたまま静かに眠ることができました。次の日から，眠くなると自分から週刊誌を持ってくるようになりました。週刊誌だと寝ている時にずり落ちることがあったので，タオルに変えてみました。本人はそれでも良いらしく，昼間でもタオルを自分から持ってくるようになりました。それで両手を縛ってあげると，布団から起き上がって遊ぶようになりました。試しに，タオルをリストバンドに変えてみたら，自分で手の甲まで下げて落ち着いていられました。定期的に通っている訓練の先生がそれを取ろうとしたら，泣いて抵抗しました。今では1日中リストバンドをしています。お風呂にもバンドをしたまま入っています。頭も最初はタオルを巻いてくれと要求してきましたが，タオルをヘアバンドに変えても怒りませんでした。今でも顔や頭を叩くことは時々あります。その様な時は自分からタオルを持ってきて手を縛ってくれと要求します。以前の様に叩き続けることはなく，すぐに落ち着くようになりました」

　この日，ユカちゃんはヘアバンドとリストバンドをして「こどものへや」で機嫌良く過ごしました。途中，私とお母さんがユカちゃんの訓練の話をしていると，突然泣き出して手で顔を叩き始めました。それでも，すぐに自分からお母さんの膝の上に座り，お母さんの手をしっかり握ることで，叩くことを必死でこらえました。そして，2, 3分で立ち直り，笑顔を見せるようになりました。

　今でもユカちゃんが叩く原因は分からないことが多いですが，そんなユカちゃんが「叩き」を防ぐ術を見付けたことは，大きな救いです。翌週来た時には，両手首にリストバンドをしていましたが，ヘアバンドはしていませんでした。ここ数日は気持ちが安定していて，ヘアバンドをしなくても平気なのだそうです。この時点でリストバンドはまだ手放せませんでしたが，それを手放すかどうかを決めるのはユカちゃん自身です。それから1ヶ月後，ユカちゃんは気持ちがすっかり安定し，普段はリストバンドもタオルも必要としなくなりました*。

図1　ヘアバンドとリストバンドをする

＊　その後も自傷をする子どもに何人か出会いました。その中から (タ) ユウキ君との係わりを以下の文献にまとめました。小竹利夫（2017）「『自傷』の意味と回復の手立て」，佐野短期大学研究紀要，第28号，pp.97-104.

トランプで気持ちを安定させる

　ヨウスケ君（10歳）は，その時々強い興味を示す物がありました。それは，新聞であったり，トランプであったり，カルタであったりしました。家ではもちろん，「こどものへや」に来ても，ヨウスケ君はすぐに「トランプ」「朝日新聞」等と言って，これらの物を探し求めました。そこで，これらの物をあらかじめ学習室に用意しておくようにしたところ，ヨウスケ君はとても落ち着いて学習するようになりました。これらの物は，ヨウスケ君の気持ちを安定させるお守りの役割を果たしていたと思います。

　「こどものへや」に来始めた頃は一人遊びが多かったヨウスケ君ですが，次第に人とのやりとりを楽しむことが増えてきました。故意におかしな事や悪い事をして，人が笑ったり，叱ったりするのを楽しむようになりました。人との関係が緊密になるにつれて，ヨウスケ君は人を支えとして気持ちを安定させることも増えてきました。

声を出して耐える

　ある日，マサヨシ君（11歳）のお母さんから次のような話を聞きました。「学校の朝礼や卒業式などで，皆が静かにしている時，大声で「アー」と言ったり，歌をうたったりします。他のクラスの先生から注意を受けて，一瞬黙ることがあっても，一層大きな声を出したりします」。マサヨシ君は，家でも「こどものへや」でも，その様な声を出すことはありません。お母さんの話では，好きな事をしている時は大声を出さないそうです。

　朝礼や卒業式等は，マサヨシ君にとってはできれば参加したくない行事なのだと思います。実際，「卒業式，なし」などと言って，参加を渋ることがあるそうです。それでも，参加したマサヨシ君は，大声を出したり，大声で歌をうたったりして，苦痛を伴う場面に懸命に耐えているのだと思います。私たちが貧乏ゆすりをしたり，タバコを吸ったりして，苦痛を伴う場面に耐えるのと同じだと思います。

お守りを持つ

　ユウスケ君（12歳）は，半年ほど前から「こどものへや」に月1回通ってきています。ユウスケ君は，いつもミッキーのハンドタオルを持ってやって来ます。そして，そのタオルを膝の上に広げたまま，約1時間勉強に取り組みます。

　タオルに関して，お母さんは次のように話して下さいました。「ユウスケは，5年生の夏頃から，よそに出掛けても車から降りられなくなりました。ある時，たまたまタオルを持っていたら，すんなり車から降りることがありました。それで，以後，出掛ける時にはタオルを持たせるようになりました。本人もタオルがあると安心するみたいです」

　ユウスケ君にとって外の世界に踏み出すことは不安で耐え難いことなのだと思います。その不安をタオルを持つことで克服できたのですから，タオルはユウスケ君にとってお守りの役割を果しています。

　それから2ヶ月後，ユウスケ君は「こどものへや」に慣れたのか，勉強中にタオルを自分から手放すことがありました。その日は，そのままタオルを「こどものへや」に置き忘れて帰ってしまいました。帰途，ご家族で遊園地に立ち寄ったのですが，タオルが無かったために残念ながら車から降りられなかったそうです。

指示に従う　―吐く―

　(タ) ナオヤ君（6歳）は，はめ板課題には自分から手を出して取り組みますが，文字の見本合わせ課題になると少し取り組むと自分で片付けてしまいます。意志がはっきりしているようですが，お母さんによれば自分を抑えて人の指示に従う性格なのだそうです。

　ある日，お母さんから次の様な話を聞きました。「先日，ナオヤが通う通園施設で祭りがありました。ナオヤは，毎年この時期になると心身共に調子を崩します。今年も，劇のリハーサルが何度かあり，その度にナオヤは自分の役を素直に演じるのですが，そのあと家に帰るときまって吐きました。本番では，フラフラでしたが，なんとか自分の役をこなしました。しばらく尾を引くかと思いましたが，祭りの翌日，休みの園庭で私と1日遊んですごし，立ち直ることができました」

　ナオヤ君は，以前行われたクリスマス会では友達と抱き合う役が気に入り，喜んで参加したそうです。園の先生方はいろいろ配慮して下さっているようですが，今回は小さな体にストレスを溜め込んだようです。嫌な事は嫌だと言えることが大事だと思います*。それとともに，人の指示に従う場合は，自分を押さえて従うのではなく，納得して従うことが大切だと思います。

* 例えば，「嫌な事を拒否する」p.101. 参照

嫌な事を拒否する

　ヨシノリ君（11歳）は動物が大好きで，「こどものへや」に来ると最初に動物図鑑を見ました。ヨシノリ君は平仮名もカタカナも読めますが，動物図鑑を指して「これなーに？」と尋ねました。私が図鑑に書いてある名前を読んであげると，嬉しそうに聞いていました。

その後，私が勉強に誘うとなんとか応じてくれますが，残念ながら動物図鑑を見ていた時程，表情は良くありませんでした。

お母さんはとても教育熱心な方で，家で自ら教材を作ってヨシノリ君に文字や数字を教えてこられました。「こどものへや」の教材も家に持ち帰って，上手に進めて下さいました。

ヨシノリ君は気持ちが乱れると「アフリカ行きたい」「伊勢崎（ヘドライブに）行く」「（別の）動物図鑑買って」等と言い出すことがありました。その様な時，お母さんにきつく注意されて気持ちを鎮めることもあれば，動物図鑑を見て鎮めることもありました。しかし，大声で泣き出し物を投げたり，はだしで外に飛び出したり，寝転がって手足をばたつかせたり，ひと荒れしないと鎮まらないこともありました。また，荒れる原因がはっきりしている時もあれば，全く見当がつかない時もありました。その様な時は，多分原因は過去にあったのだと思います。いずれにせよ，気持ちを鎮める為に荒れざるを得ないことが頻繁にありました。

ところが，その数ヶ月後から，荒れることが少なくなり，比較的穏やかに毎日を過ごすようになりました。その代わり，以前に比べると人の指示に従わなくなり，拒否することが多くなりました。例えば，「こどものへや」では始終機嫌が良いのですが，嫌な課題に対しては「あとで」「やりたくない」等と言って上手に拒否することが多くなりました。思うに，以前は自分の意志よりも人の指示に応じて動くことが多く，それが，荒れを引き起こしたのではないでしょうか。人は誰でも納得して振舞うことが必要です。ヨシノリ君が安定した生活を送るためには，周りの人がヨシノリ君の気持ちを汲み取ることはもちろん，ヨシノリ君自身が嫌な事を拒否できることが大切だと思います。

お母さんの車が気持ちを安定させる

カズヤ君（22歳）は，ジュースとごみを持って3年ぶりに作業所に働きに行くようになりました*。作業所の先生方の理解に支えられて，午前中一杯作業に励む日が続きました。

ところが，半年程経過したある日から，来所して30分程作業をすると，さっさと一人で歩いて家に帰るようになりました。作業所からの連絡を受けたお母さんが車で途中まで迎えに行くと，カズヤ君はその車に乗って再び作業所に戻るそうです。しかし，お母さんがそのまま一緒に残れば作業所にとどまって作業をしますが，お母さんが車で帰ると再び一人で歩いて帰ろうとするそうです。

お母さんは何日か午前中の作業を付き合った後，車だけ残して家に帰るようにしました。すると，カズヤ君は時折席を立って車があるのを確かめながら，一人で作業を続けることができたそうです。以後，カズヤ君はお母さんが居なくても，お母さんの車があれば落ち着いて作業を続けるようになりました。

お母さんは「カズヤは私が居ないことに気付いているようですが，車があれば安心するみたいです」と言われました。お母さんに代わって，車がカズヤ君の気持ちを安定させているようです。

* 「ジュースとごみを持って，働きに行く」p.14. 参照

保育所に通う

　私の妻が1月より仕事に就くことになり，息子のタクミ（2歳）を保育所に預けることになりました。タクミは人見知りが激しく，環境が変わると少なからぬ不安を示しました。それで，保育所に少しずつ慣れさせることを目的に，一時保育制度を利用して前年の秋から市内のA保育所に時々預けてみました。しかし，タクミはA保育所になかなか慣れず，車がA保育所の方に向かうのが分かると，車内で激しく泣き出す日が続きました。

　そこで，知人の勧めもあり，市外のO保育所に変えてみました。O保育所では小さい子だけの乳児棟が独立してあり，また，子どもが園に慣れるまで親の付き添いを認めていました。最初，タクミは乳児棟の中に入ることすら嫌がりましたが，母親が一緒に過ごすようにしたところ，5，6日で母親に手を振って一人で乳児棟に入って行くようになりました。

　1月より我家では共働きが始まりましたが，タクミは見送る私に手を振り元気に乳児棟に入って行きました。ところが，4月になって幼児棟に通うようになると，園に行くのを再び嫌がるようになりました。大きいお兄ちゃんやお姉ちゃんと一緒に過ごす幼児棟の中で，タクミはなかなか自分を出せないでいるようでした。タクミが慣れるまで以前の様に親が何日か付き添えば良いのですが，両親共に仕事があり不可能でした。毎朝，「保育所，行かない」と言ってぐずるタクミを，なんとかなだめすかして園に連れて行きました。そして，園に着くと，泣いてしがみつくタクミを無理やり保育士さんに引き取ってもらう日が続きました。

　10日程経過したある日，たまたま私は午前の仕事が休みになり，今日はゆっくりタクミに付き合おうと腹を決めて園に向かいました。ところが，園に着いてタクミを背負っていると，15分程して背中で「パパ，行っていいよ」と言う声がしました。驚いた私がタクミを床に降ろすと，タクミはそのまま「バイバイ」と言って私と別れることができました。その後も，園に着いて私がゆったりと付き合う姿勢を示すと，比較的すんなり私と別れることが何度かありました。それに対して，時間の余裕が無くて私が急いでいる時程，別れ際にぐずることが目立ちました。

　しばらくして，朝，家を出る時，自分から何か物を持っていくようになりました。それは，お気に入りの玩具や絵本だったり，庭で見つけた木の枝やだんご虫だったり様々です。そして，その様な物を持って行った日は，比較的スムーズに別れることができました。幸い，園では子どもが物を持って来ることを禁止していなかったので，毎日何か一つ物を持って元気に園に通うようになりました。

　親がゆったりと付き合うことも，子どもが物を持って行くことも，子どもにとっては気持ちを安定させる役割を果たしているのだと思います。

指を触って気持ちを安定させる

　息子のタクミ（3歳）は人見知りが激しく，また，環境の変化に少なからぬ不安を示します。不安が生じた時や眠くなった時，タクミは自分の右手の親指をしゃぶりながら，左

手で親の手の親指をいじり始めます。時には，親の靴下を引き抜いて足の親指をいじることもあります。自分の指をしゃぶりながら親の指に触れることで，気持ちが落ち着くようです。

　タクミは２歳の時から保育所に通い始めました。園の先生方はとても良く見て下さるのですが，大きな集団になじまず園に行くことをぐずることがありました*。そんなある日，園からの連絡帳に次のようなことが書いてありました。「……次第に慣れてきてはいるものの，まだ完全には安心しきっていないのかもしれないですね。楽しく遊んでいても，時々（本人は無意識の様ですが）保育士の指をさわったりしては，自分を落ち着かせているような姿が見られます。……」

　このくだりを読んで，タクミが慣れない環境で親の代わりに園の先生を心の拠り所として気持ちの安定を保っていることを知りました。同時に，指を触るという何気ない仕草から園の先生がタクミの気持ちを的確に読み取って下さっていることを知り，安心しました。

* 「保育所に通う」p.103. 参照

本の紙を折ったり，車に乗ったりして気持ちを鎮める

　(ミ) カオリちゃん（６歳）は，絵本を見るのが好きです。しかし，絵本の中に馴染みの絵をみつけては，それらを次々と二つに折っていきます。お母さんが本を折らないようにと思って厚紙の絵本を買ってきても，カオリちゃんは力を込めてその厚紙を折るそうです。ある日，お母さんから次のような話を聞きました。「最近，本の紙を折ることが増えました。機嫌の良い時だけでなく，イライラしている時も本の紙を折って気持ちを鎮めるようになりました。以前は，カオリがぐずると，『よしよし』と言ってあやすか，車に乗せて連れ出していました。最近は，車に乗せることは，随分と減りました」この様に，カオリちゃんは，苛立つ気持ちを自分で鎮めようとして本の紙を折るようになりました。

　また，別の日，お母さんから次のような話を聞きました。「3学期が始まって，毎朝，学校に行くのを嫌がり，そっくり返って泣くようになりました。そして，車の鍵を持ってくるので，車で家の周りを一周ドライブすると，気持ちが落ち着きます。その足でスクールバスのバス停に連れて行くと，すんなりバスに乗って学校に行きます。この様な時は，本を折るぐらいでは気持ちがおさまりません」

　カオリちゃんには気持ちの鎮め方がいくつかあり，動揺の程度に応じて上手に使い分けています。そして，お母さんはカオリちゃんのそれらの鎮め方を上手に受け止めています。

寝転んで気持ちを鎮める

　アイちゃん（５歳）は，思い通りにならないことがあると，コンクリートの床に頭を激しく打ち付けたり，アルミサッシのガラス戸に体当たりしてガラスを割ったりすることがあるそうです。「こどものへや」では，アイちゃんの思いが通るためか，その様な激しいパニックはこれまで一度も起きていません。ある日，お母さんは「最近，パニックが減ってきました。例えば，幼稚園の迎えが遅れても，「イー」とか「ワア」と言ってちょっと

床に寝転べばそれで気が済むようになりました」と話して下さいました。

　人の起こす行動には全て意味があります。パニックも，それを起こすことで，動揺した気持ちを鎮める役割を果たしています。ですから，パニックもある時点では必要な行動です。しかし，できればもっと穏やかな行動で動揺を解消してほしいと思います。言葉（音声）を持つ私たちは，「ちくしょう！」とか「ばかやろう！」等と言って動揺した気持ちを解消することができます。その様な言葉を持たないアイちゃんは，床に寝転ぶことで気持ちを切り換えるという，以前よりも穏やかな調整を身に付けました。

怖いものの正体を教える

　トモカズ君（11歳）は，犬の鳴き声や工事の音が嫌いで，これらの音をきっかけとして気持ちを乱すことがありました。これらの音が聞こえると，トモカズ君は耳を押さえて逃げ回りますが，自分で窓を閉めたり，テレビのスイッチをつけたりして不快な音を消そうとすることもありました。この様な時，鳴いている犬や工事の機械などの音源が見えている方が少しは落ち着くようでした。

　ナオヤ君（7歳）は，消防車のサイレンや町内放送，草刈り機などの音を怖がります。例えば，ナオヤ君の住む町では毎日夕方になると「ただいま，6時半です。青少年の皆さん，早く家庭に帰って夕食を共にしましょう」と町内放送が流れるそうです。ナオヤ君はこの音を怖がり，自分でテレビをつけて音を消そうとするそうです。ある時，「こどものへや」で勉強中に，遠くで釘を打つ音が聞こえてきました。その音を聞いて，ナオヤ君は不安そうな顔になりました。私が「大工さんが釘を打っている音だよ。大丈夫だよ」と言っても，ナオヤ君は不安そうでした。そこで，木槌で棒を穴に打ち込む教材を提示して，「ほら，この音だよ」と言って，木槌で棒を叩いてみせました。すると，ナオヤ君の顔から不安は消え，笑いながら真似して木槌で棒を叩きました。それ以後，ナオヤ君は釘を打つ音を全く気にしなくなりました。

　得体の知れない物は，誰でも怖いと思います。怖いと思っていた物の正体が分かれば，安心できることもあると思います。

代わりの物で気持ちを切り換える

　ヒロタカ君（4歳）は，「こどものへや」から帰る時，何か物を持って行きたがります。それは，玩具のこともあれば，はめ板などの教材のこともあります。ある日，勉強の最後に，磁石を吊した釣竿で鉄片の付いた絵の魚を釣る遊びをしました。すると，帰りがけに，ヒロタカ君はその魚釣りの道具を一式抱え込んで持って帰ろうとしました。それは他の子も好きな物なので，私は「それは持って行かれると困るなぁ。代わりに，この消防車貸してあげる」と交換の提案をしました。消防車の玩具はヒロタカ君の好きな物でしたが，この時は「いや」と言って拒否しました。私が困っていると，ヒロタカ君は教材棚を探ってバスのパズルを取り出しました。そして，そのパズルを差し出しながら，「いい？」と言って消防車の玩具も指差しました。どうも，この二つとなら魚釣りを諦めても良いという

ことらしいので，私は「いいよ」と許可しました。

　何らかの理由で子どもの要求が通らない時，「これはだめだけれど，あれならいい」という代わりの物があると，子どもは気持ちを切り換え易いようです。

"ナイ"の身振りで気持ちを調整する

　アイちゃん（6歳）は，身振りがとても豊かになりました。その中の一つに，両手を交差させて"ナイ"の意味を表わす身振りがあります（図2参照）。アイちゃんはこの身振りを学校に行きたくない時などに使うそうです。また，お母さんや学校の先生も，アイちゃんの要求が通らない時などに，"ナイ"の身振りを作って伝えるようにしているそうです。すると，これまで大人が言葉だけで「～ない」と言うと怒ることが多かったアイちゃんが，大人が"ナイ"の身振りを添えて伝えると我慢するようになったそうです。

　コトバには気持ちを伝える働きだけでなく，気持ちを調整する働きもあります。まだ発語が少ないアイちゃんにとっては，言葉（音声言語）よりも，自分でも使える身振りの方が気持ちを抑制する確かなコトバなのだと思います。

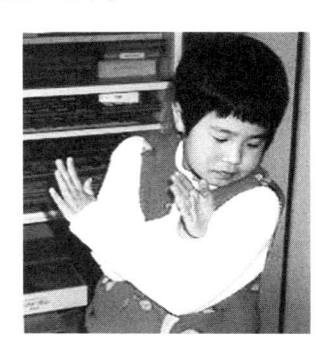

図2　"ナイ"の身振りを作る

カレンダーで予測を立てる

　アイちゃん（7歳）は，カレンダーが良く分かるようになりました。日付は言えなくても，例えば3月1日を片手の指を3本，もう片手の指を1本立てて表わします。

　ある日，お母さんから次の様な話を聞きました。「これまで歯医者は泣いて嫌がりました。それが，アイちゃんが見ている前でカレンダーに『はいしゃ』と書き込んだところ，当日ぐずらず自分から歯ブラシを持って歯医者に行く気になりました」

　また，別の日，以下の様な話を聞きました。「アイちゃんはプールが好きで，紙に『ぷーるぷーる……』と書いて何度も見せに来ます。そこで，カレンダーを見せて『今日は16日だからここ，プールは19日だからここ』と説明すると，納得したのか見せに来なくなりました」

　息子のタクミ（5歳）は保育所に行くより家にいる方が好きで，時々登園を渋ることがあります。それでも，カレンダーを見せて「あと～回行ったら，お休みだよ」と説明すると，それを励みに頑張って保育所に行くようになりました。

　嫌な事も楽しい事も，予測が立てば心の準備や我慢もしやすいようです。

気持ちを伝えて気持ちを鎮める

　トモミちゃん（15歳）は，思い通りにならないことがあると，大声を上げて泣いたり，力一杯自分の手を噛んだり，頬を叩いたりすることがあります。トモミちゃんのこれらの行動は激しいものですが，そうすることによってトモミちゃんは生じた動揺を懸命に鎮めます。ある日，お母さんは次の様な話をして下さいました。「以前は，パニックを起こすと30分も1時間も続きました。最近は，自分から早く収めようとするようになりました。どうするかというと，涙を流しながら両手を挙げて，私に『きゅーぴ，ばへへ，とうにゅう』と言います。私が同じ様に『きゅーぴ，……』と言い返すと，それで受け入れられたと思うらしく機嫌を直すようになりました」

　同じ様な事は，(サ)ユウキ君（6歳）のお母さんからも聞きました。最近，ユウキ君はお母さんに叱られると，お母さんが「ばいばい」と言い返すまで，お母さんに向かって「ばいばい」と言うか，手を振り続けるそうです。また，弟が泣くと，お母さんが「な」と言い返すまで，「な！な！な！……」と耳を押さえてお母さんに言い続けるそうです。

　トモミちゃんもユウキ君も，お母さんから返事を受け取って，自分の気持ちを共感してもらえたことを確認しました。自分の気持ちが伝われば，気持ちが落ち着くようです。

言葉（音声）を自分に発して気持ちを鎮める①

　トモミちゃん（15歳）は，毎週金曜日の朝，「こどものへや」で勉強してから学校に行きます。ある時，私の都合で勉強が休みになり，翌週来所したお母さんは，次の様な話をして下さいました。「先週の金曜日の朝は大変でした。トモミはいつもの様に「こどものへや」に行くつもりで，『こどものへや！』と何度もいいました。私が『今日は，お休み』と言うと，わんわん泣きながら大声で『こどものへや！』と繰り返し訴えました。私も負けずに大声で『休み！』と言い返すと，そのうちトモミは『こどものへや！　やすみ！』と言うようになり，更にそれが『休み！』と変わり，何度か『休み！』を繰り返すうちに次第に落ちついた頃，『バス』と言って，バスに乗って学校に行きました」

　トモミちゃんは，言葉で出来事を整理することで気持ちを調整できるようになりました。

言葉（音声）を自分に発して気持ちを鎮める②*

　トモカズ君（11歳）は，休日には家で比較的穏やかに過ごしていました。これに対して，休み明けや学校で運動会などの行事がある時，気持ちを大きく乱すことがありました。

　気持ちが乱れた時，トモカズ君は食べ物を求めて活発に動き回ったり，反対に，手で耳を押さえて動かなくなったりしました。気持ちの乱れが最も大きい時，トモカズ君は微かな状況の変化にも泣いたり，怒ったりして，眠れない日が1週間程続きました**。

　この様な時，トモカズ君の気持ちを鎮める為に，お母さんは学校を休ませて，家でトモカズ君が好きな絵本を読んで聞かせます。後に，トモカズ君は，お母さんが読んでくれた絵本の内容を，気持ちを乱した時に自分で自分に言い聞かせるようになりました。例えば，

工事の音を怖がって外へ飛び出した時，耳を押さえながら小声で「……ひとしくんがない
ています。ないちゃいけません……」「……くさばなのはちをかいました。そして，こぐ
まちゃんの……」といった具合に，絵本の内容をまるで念仏を唱えるように言い続けるこ
とがありました。この時，トモカズ君は，自分で自分に言葉を発して，懸命に気持ちを鎮
めようとしていたのだと思います。

＊　小竹利夫 (1987)「トモちゃんの自己調整の進展」，学習の記録，No.1，あらまきこどものへや. 参照
＊＊　「過食・閉じ籠り・不眠」p.13. 参照

自分で決める

　息子のタクミ（３歳）は，昼間のオムツが取れてからも，夜寝る時にはオムツをしたが
りました。夜だけオムツをする生活を１年近く続けた後，タクミはある夜，母親に「今日
はオムツしない。パンツで寝たいの」と自分から言い出しました。そこで，母親はタクミ
にパンツをはかせ，寝る前にちゃんとオシッコを済ませることを約束させました。タクミ
は約束どおり寝る前にオシッコを済ませると，朝までトイレに行かなくても大丈夫でした。
　このことを保育所の連絡帳に書いたところ，担当の先生から「タクちゃん自身がすごく
自立してきて，自分でできるんだ，パンツで大丈夫なんだという自信というか，何か成長
の過程を一歩踏み出したような，そんな気がします」と感想を寄せて下さいました。
　その日から，タクミは夜もパンツで寝るようになりました。しかし，２週間後のある日，
明け方におねしょをしてしまいました。すると，次の日から再びオムツで寝るようになり
ました。数日して私が「また，パンツで寝てみたら」と誘ってみましたが，「またおもら
しするから，オムツで寝る」と返事が返ってきました。それで，本人が自信を取り戻すま
で気長に待つことにしました。おねしょをして１週間後，タクミは「パンツで寝る」と再
び言い出し，パンツで寝るようになりました。
　子どもの時「自分で決める」という経験を沢山積むことが，将来自分で自分の生活を作
る力になると思います。ですから，子どもが自分で決めたことを，その結果に関係無く大
切にしたいと思います。

自分で時間割を作る

　お母さんの話によれば，マイコちゃん（６歳）は，学校でホワイトボードに貼ってある
時間割のプレートのうち プール と きゅうしょく のプレートを残して，さんすう や こ
くご のプレートを取り除いてしまうのだそうです。そうやっても大好きなプールの時間
がなかなかやってこないと，ホワイトボードに プール と大きく字を書くこともあるそう
です（図３参照）。自分で希望の時間割を作るマイコちゃんを想像すると，楽しくなります。
　東京にある私立の愛育養護学校は，時間割を無くして，その日の過ごし方を子ども自身
に決めさせています。学校は子どもが主人公と考えて，大人が子どもを信じて受け入れる
ことで，子どもたちは人に対する信頼感を育てるとともに，自信を持って自分で学校生活
を作っていくようです。お母さん方から時間割にまつわる話を聞く度に愛育養護学校のこ

とを思い出します。

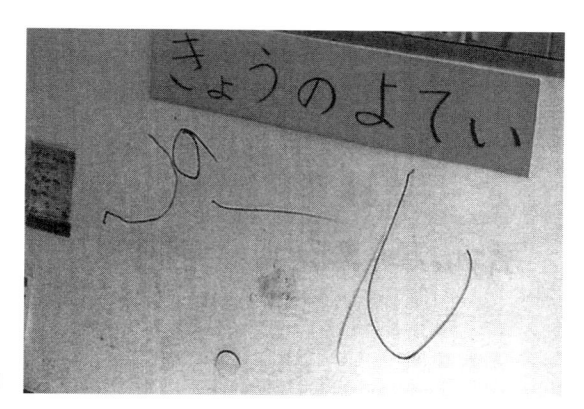

図3　マイコちゃんが黒板に書いた時間割

第5章 食 べ る

　食べる行動は，単に生理的な欲求に基づいてのみ起きるものではなく，食べ物の味や舌触りはもちろん，場所や人やその時の気分など広範な条件に規定されています。例えば，緊張の高い場所では食が進まなかったり，苛立つ気持ちを鎮める為に沢山食べたり*ということは，私たちも経験があると思います。子どもたちにとっても，食べる（または，食べない）行動の意味は様々です。その意味を大切にしながら，子どもたちと係わりたいと思います。

　* 例えば，「過食・閉じ籠り・不眠」p.13. 参照

他所（よそ）で食べる

　ヒデアキ君（5歳）は，初回の来所の時，私が棚の扉を開けてお菓子を見せると，怖いものでも見たようにあわててその扉を閉めました。お母さんの話によれば，ヒデアキ君は，家以外の場所ではお菓子を食べないとのことでした。幼稚園では，お弁当のごはんだけはかろうじて食べるようになったそうです。しかし，先生がおかずもなんとか食べさせようとしたところ，それまで食べていたごはんも食べなくなり，お弁当を持っていくことすら嫌がるようになったそうです。お母さんの申し出を受けて，無理に食べさせようとすることを止め，食べても食べなくても良いという態度で接するようにしたところ，ヒデアキ君は再びごはんだけは食べるようになったそうです。

　3回目の来所の時，いつも一緒に来る妹が落としたお菓子を，ヒデアキ君が拾って食べることがありました。そこで，そのお菓子を少しもらって，ヒデアキ君の課題（文字の見本合わせ）を終えた時点で一つ差し出してみました。すると，ヒデアキ君は何の抵抗も無くそのお菓子を食べました。その後，ヒデアキ君は「こどものへや」ではお菓子を食べるようになりました。

　ある時，お母さんは，「文字や数を覚えることよりも，人とのやりとりを学んで欲しい」といった内容の事を言われたことがあります。お母さんが言われる様に，大事なことはやりとりが深まることであり，人とのやりとりが進展すれば，結果として食べる行動も広がると思います。

　その後，ヒデアキ君は人と勉強したり，遊んだり，ふざけたりすることが好きになりました。それにつれて，発語も少しずつ増えていきました。ある日，「こどものへや」でお父さん達の新年会を開いていたところに，ヒデアキ君がお母さんと一緒に差し入れを持ってやって来ました。見ず知らずの人が多いその席で，ヒデアキ君は差し出された寿司やお菓子を皆に混ざって食べました。お母さんは「もう，どこでも，誰とでも平気で食べられ

るようになりました。最近は，どこに行っても，誰がいても，以前の様に緊張することは
なくなりました」と話して下さいました。

袋から取って食べる

　お母さんの話によれば，マキちゃん（4歳）は，お菓子を一つずつ手渡せば受け取って
食べるけれども，お皿や袋の中のお菓子には手を出さないとのことでした。初回の来所の
時に，私がお菓子を直接手渡すと，マキちゃんは手で受け取って食べました。しかし，木
箱に入れて差し出すと，その木箱を放り投げてしまいました。

　4回目の来所の時，透明の広口瓶の中にお菓子を一つ入れて差し出してみました。する
と，瓶の中に手を入れてお菓子を取って食べました。そこで，瓶をお皿に変えてみました。
それでも，お皿からお菓子を取って食べました。更に，菓子袋を大きく開いてお皿の様に
して差し出してみました。これに対しても，一瞬躊躇しましたが，袋の上のお菓子を取っ
て食べました。一度手を出すと，後はスムーズに手が出るようになりました。そこで，口
だけ開いた菓子袋を差し出してみました。今度も，一瞬躊躇しましたが，袋の中に手を入
れてお菓子を取って食べました。以後，お皿や袋の中のお菓子を平気で取って食べるよう
になりました。

　この様にして，状況を少しずつ変えることで，マキちゃんはお皿や袋の中からお菓子を
取って食べるようになりました。そして，マキちゃんがお菓子を食べている時，私が「ち
ょーだい」と言って手を差し出すと，食べ残したお菓子を私の手に乗せてくれました。お
母さんの話によれば，マキちゃんが食べ物を人にくれるのは初めてだそうです。きっと，
お皿や袋の中のお菓子を自分で取って食べることができて，マキちゃんはとても良い気分
だったのだと思います。

お菓子を食べて頑張る

　アイちゃん（4歳）は，アニメの登場人物や食べ物などの分割絵の構成課題（図1参照）
や絵の見本合わせ課題（図2参照）が好きで，積極的に取り組みます。課題の区切りにお
菓子を一片あげるようにしたところ，課題を一つ完了する度に，私の方に手を差し出して
お菓子を要求するようになりました。課題の内容を少し難しい文字や数字の見本合わせ課
題（図3参照）に変えてみました。すると，アイちゃんはこれらの課題にも頑張って取り

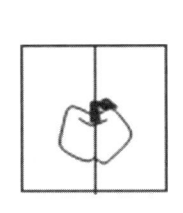

図1　2分割の構成

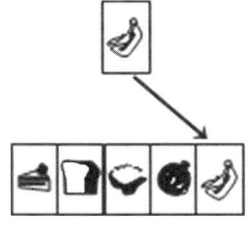

図2　絵の見本合わせ

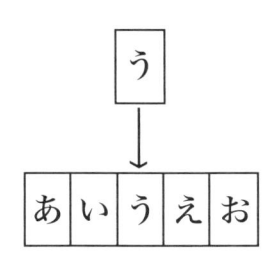

図3　文字の見本合わせ

組みましたが，課題の途中に2度，3度手を伸ばしてお菓子を要求してきました。そして，お菓子を食べながら，これらの難課題を最後までやり通すことができました。私たちが難しい仕事をしている時，タバコの量やお茶の量が増えるのもこれと同じだと思います。

嫌いな食べ物を料理する

アイちゃん（5歳）は，料理が好きで，家ではお母さんの手伝いをしたがるそうです。最近になって，包丁も使うようになり，危なっかしい手つきながら人参などを切るそうです。ある日，お母さんから次の様な話を聞きました。「アイは人参が嫌いでこれまで絶対に食べませんでした。それが，自分で皮をむき，細かく切ったりするようになってから，好んで食べるようになりました。ギョーザも以前は食べなかったのが，一緒に皮を包んで作るようになってから食べるようになりました。自分で作ったものには親しみがわくようです」

(サ) ユウキ君（6歳）のお母さんにアイちゃんの話をしたら，お母さんは「ユウキもそうです。自分で作ったものは，よく食べます。卵が嫌いですが，自分で割って作った目玉焼きなら少し食べます」と言われました。

「食べず嫌い」という言葉があります。誰でも得体の知れない物は食べる気になりません。安心して食べるには，食べる前にその素材や味について十分知ることが必要です。自分で料理すれば，食べ物に親しみがわくとともに，素材が分かり安心感を持てるのだと思います。

初めてマシュマロを食べる

ユカちゃん（6歳）は，いつもは「こどものへや」でマーブルチョコを食べながら勉強します。ある日，マーブルチョコを探して引き出しを開けたユカちゃんは，そこにマシュマロの袋を見つけました。すると，ユカちゃんはマーブルチョコの代わりにマシュマロの袋を持ち出し，黙って私に寄こしました。私が袋を開けて一つ手渡すと，ユカちゃんはそのマシュマロを手で揉んだり，口に含んだりし始めました。お母さんは，ベタベタの手で教材を汚すことを心配され，「マシュマロは食べないでしょう」と言って片づけようとしました。それでも，しばらくユカちゃんの好きなようにいじらせていると，ユカちゃんは口に含んでいたマシュマロをモグモグと食べ始めました。それを見て，お母さんは「へえ，マシュマロ食べるんだ！」と驚かれました。その後，ユカちゃんはマシュマロを4，5個食べて満足したのか，他のお菓子に変えました。

マシュマロを手で揉んだり，口に含んだりした時点で取り上げていたら，ユカちゃんはマシュマロを食べずに終わったと思います。手や口で十分調べた後だったから，ユカちゃんは初めてマシュマロを食べたのだと思います。

名前を聞いて納得して食べる

マキちゃん（5歳）は，野菜が嫌いです。しかし，言葉（音声）を覚え始めた頃*からお母さんが野菜の名前を言ってあげるとこれまで食べなかった野菜でも食べるようになり

ました。

　お母さんの話によれば，マキちゃんがこれまで食べなかったトマトを指差すことがあったので，お母さんが「トマトだよ」と言ってあげると食べたそうです。また，インゲンはマヨネーズをかけてしか食べなかったのが，炒めたり，卵をかけたりしても，お母さんが「インゲンだよ」と言うと食べるようになったそうです。

　誰でも正体が分からない食べ物は，不安で食べる気がしません。食べ物の名前を聞いて，それが馴染みの食べ物であることを知って，ようやく安心して食べることができるのだと思います。お母さんは「名前を聞いて納得すると食べるようになりました」と話して下さいました。

＊　「初めての言葉（音声）」p. 46. 参照

弁当を食べる①

　トモミちゃん（15歳）は，小さい頃，麺類しか食べなかったそうです。保育所に行き始めてからごはんも少しだけ食べるようになったそうですが，おかずはイクラと甘海老に限られていたそうです。そのごはんも安いお米だと食べなかったそうです。トモミちゃんが食べなかったお米をお父さんが食べて「何，これ，新米？」と言ったそうです。お母さんはこの話をして「お父さんは，何も分かっていない」と笑いましたが，私はお父さんを弁護したくなります。お父さんは既にいろいろな味の物を安心して食べられますが，トモミちゃんはまだ食べ物に対して不安があるから味の差異に敏感にならざるをえなかったのだと思います。

　食が細かったトモミちゃんも，今では80 kgを超す体格になりました。小さい頃に比べると食べる物も随分と増えましたが，弁当はつい最近まで絶対に食べなかったそうです。養護学校（現特別支援学校）の高等部の入学試験に弁当を食べる課題が含まれていたこともあって，お母さんは弁当を食べさせる練習をすることにしました。お母さんは，練習の場所としてトモミちゃんが安心してくつろげる車の中を選び，しかも，トモミちゃんの好物の焼きそばやマカロニサラダ等を作りました。すると，お母さんの狙いが的中して，トモミちゃんは何度か車の中でそれらの弁当を食べたそうです。これがきっかけとなり，その後，トモミちゃんは他の場所でもお母さんの手作り弁当はもちろん，仕出し弁当も食べるようになっていったそうです。

弁当を食べる②

　カズヤ君（22歳）は，ジュースとごみを持って3年ぶりに作業所に働きに行き始めました＊。ただ，お昼になると「お弁当，食べない」と言って，そのまま家へ帰る生活が続きました。作業所の昼食は仕出し弁当で，お母さんの話ではカズヤ君は仕出し弁当を絶対に食べないそうです。1年間，お母さんは弁当を持たせる時期を慎重に見計らっていました。そして，作業所にもかなり慣れてきた正月の休み明けに，カズヤ君が好きなインスタントラーメンを持たせてみたそうです。すると，カズヤ君はそのラーメンを食べて午後も

仕事をしたそうです。そこで，ラーメンを持たせる日を少しずつ増やすとともに，ラーメンの他におかずや御飯も持たせるようにしたそうです。今では，カズヤ君が自分から「唐揚げ」等と弁当のおかずをお母さんに要求するまでになったそうです。

　カズヤ君がお母さんの弁当なら作業所で食べるようになって，お母さんは「カズヤにとって，作業所がようやく安心できる場所になったようです」と言われました。

＊　「ジュースとごみを持って，働きに行く」p. 14. 参照

第6章　共に生きる

　梅津八三先生は，障碍を「ある人の生活において，現におこっている"とまどい"や"つまずき"や"滞り"」（障害状況）とみなす考えを提起しています*。この考えを少し広げて解釈するなら，体にマヒがあっても，言葉を話さなくても，生活が円滑に営まれていれば，その人には障碍が無いということになります。一方で，「健常者」と言われる私たちも，生活の調整を大きく乱して，部屋に閉じ籠ったり，やけ酒を飲んだり，人に当たったりすることがあります。この様な時，その人は障碍が有るということになります。上記の解釈に従って，障碍というものを，特定の人に固定的なものと見るのではなく，誰もが陥る生活上の混乱状況と考えたいと思います。

　更に，梅津先生の考えでは，障害状況にある人に対して，どのように接すれば良いか思い悩む周囲の人もまた，障害状況にあるということになります（相互障害状況）。そして，障害状況にある人は周囲の人に輔けられて新たな物の見方や振舞い方を見いだすことによって，障害状況から立ち直ることができます。その時，周囲の人もまた障害状況にある人に導かれて新たな見方や接し方を見いだすことによって，障害状況から立ち直ることになります。即ち，障害状況にある人と周囲の人は，相互に輔け合うことによって，より豊かな物の見方や振舞い方を獲得することができます（相互輔生）。

　この様な考えに基づき，「障碍者」と「健常者」を区別（差別）せず，共に生きる中で共に育つことを喜びとする，そういう世の中になってほしいと思います。

* 梅津八三（1978）「各種障害事例における自成信号系活動の促進と構成信号系活動の形成に関する研究－とくに盲ろう二重障害事例について－」，教育心理学年報，第17巻．参照

運動会

　10月になると，毎週末あちこちで運動会が開かれます。運動会が近付くと，「子どもが跳び箱をやりたがらない」とか「ピアニカを弾こうとしない」といったお母さん方の悩みの声が聞こえてきます。また，これまで楽しく行っていた保育所に行き渋ったり，家に帰って荒れたりする子もいます。

　10月のある日，私の息子のタクミが通う保育所でも運動会があり，見物に行きました。初めに園長先生の開会の挨拶がありました。その中で，園長先生は「うちの保育園の運動会は，親子で秋の1日を楽しく過ごすことをコンセプトにしています」といったことを言われました。

　この保育所には，障碍があるお子さんが何人か通ってきています。そのことは，行事の時などに園長先生が，障碍があることを含めて子どもたちを紹介するので，皆が理解して

います。例えば，「〜ちゃんは難聴の障碍があるけれど，とても上手に状況を理解しています。〜ちゃんのお陰で，他の子どもたちも聞こえにくい子どもに対する接し方を学ぶことができました」といった具合です。

年長のクラスには，自閉的傾向があるKちゃんとダウン症の障碍があるDちゃんがいます。年長さんの最初の種目「マスゲーム」の時，園長先生は「KちゃんとDちゃんも気が向いたら参加してくれるかもしれません」と紹介されました。しかし，二人とも参加を渋り，皆の演技を見守っていました。その後，「障害物競走」になると，Kちゃんは見違える程張り切って参加しました。ハシゴをくぐるところを飛び越えたり，玉を5個かごに入れるところを1個しか入れなかったりしましたが，タオルを棒に掛けるところが好きらしく，誰よりもきちんと掛けていました。皆が1回ずつ走るところを，Kちゃんはとても楽しそうに3回も走りました。また，Dちゃんのためには，彼が好きな「いとまきまき」のダンスが特別にプログラムに加えられ，Dちゃんはお母さんと一緒に皆に混じって踊りました。

どの子も参加したくなるようにプログラムを工夫し，参加の仕方も子どもに合わせて柔軟に対処し，それでも参加したくなければそれでも良しとする，子どもが主役の楽しい運動会でした。特に，障碍があるお子さんには手厚い配慮がなされているように感じました。

親に見せるための運動会ではなく，親子で楽しむことが目的の運動会だからこそ，保育者は集団に合わせることを子どもに求めるのではなく，子ども一人ひとりの気持を尊重することができるのだと思います。また，子どもたちも，大人の賞賛を期待して頑張るというよりは，競技自体を心置きなく楽しむことができるのだと思います。

支えられて生きる

ミツナリ君（6歳）は，花や人形が大好きなとても優しい男の子です。「こどものへや」の庭に咲いている花を見て，「水仙」「南天」などと名前を言い当てます。

入学前の就学時健康診断では，特殊学級（現特別支援学校）を勧められたそうです。ご両親は「できるだけ皆と一緒に普通学級で学ばせたい」と考えられ，普通学級を選択しました。

ミツナリ君が「こどものへや」に初めて来た時，お母さんは「入学までに文字や数を覚えさせたい」と言われました。入学までは後3ヶ月程度しかありませんでした。その頃，ミツナリ君が読める文字は数える程でした。数も数唱はできても，量とは結び付いていませんでした。

お母さんは家で文字積木や「あいうえお」の絵本等を使って，ミツナリ君が興味を持つように工夫しながら熱心に教えられました。タイルなどの材料を手渡すと，早速平仮名50音表を手作りして使われました。清音文字タイルにかぶせる濁音カバーも，使い捨ての弁当箱のふたを切って手作りされました。お母さんに支えられて，ミツナリ君は入学する頃には大体の文字を読めるようになり，文字を書く練習も始めました。数えられる数も5から10と増えていきました。

　しかし，普通学級の勉強の進み具合は速くて，内容はどんどん変わっていきます。平仮名を覚えたと思ったら，もうカタカナです。10までの数が分かったと思ったら，もう足し算です。そのスピードに教材作りが追いつかず，まず私が音をあげました。そこで，「こどものへや」での勉強は，2学期から若いサツキ先生にバトンタッチしました。サツキ先生は，毎週教材を山の様に持って前橋から教えに来てくれました。サツキ先生が手作りした教材の中に，タイルを滑らせる足し算用の計算盤（図1参照）がありました。ミツナリ君にとってこの計算盤は使い勝手が良かったらしく，学校にも持っていったそうです。ミツナリ君は山里の小さな学校に通っていて，1年生は全員で19人です。それまで算数セットの磁石を使って足し算をしていた他の子どもたちも，ミツナリ君のタイルの計算盤を使いたがったそうです。それで，担任の先生はクラス全員が使えるように18人分のタイルの計算盤を手作りされたそうです。

　3学期に入って，サツキ先生と一緒にミツナリ君のお家を訪問する機会がありました。その時，おばあちゃんが「ミッちゃんが一時『かぐや姫』に興味を持ったので，お父さんが山で竹を切ってきて，古いお雛様の人形をさして『かぐや姫』（図2参照）を作ってあげたら，ミッちゃんはすごく喜びました」と話して下さいました。

　人は誰でもいろんな人に支えられて生きています。ミッちゃんは，お母さんやお父さん，サツキ先生，担任の先生など，ミッちゃんの気持ちを大事にしてくれるいろんな人に支えられて，普通学級での1年目を無事に終えることができました。

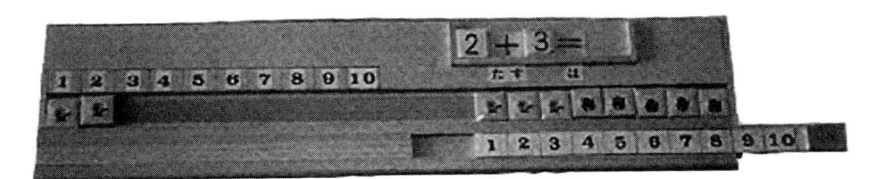

図1　タイルの計算盤（サツキ先生作）

図2　かぐや姫の人形（お父さん作）

交流する① ―校長先生―

　マリエちゃん（7歳）は，就学時の健康診断で，「養護学校（現特別支援学校）が適」との判定を受けました。ご両親はお兄ちゃん達が通う地元の学校に通わせたいと考え，教育委員会や学校と粘り強く交渉を重ねました。その結果，最終的にご両親の希望が認められ，3月も半ばを過ぎた頃，地元の学校への入学通知が届きました*。

　マリエちゃんは，普段は特殊学級（現特別支援学級）で担任の先生と二人で楽しく過ごしています。他の先生方の反応は様々なようですが，特に校長先生はマリエちゃんを可愛がって下さるそうです。マリエちゃんも校長先生が好きで，姿を見つけると這って行って抱き付きながら，たたいたり，唾を吐いたり，つねったりすることがあります。ある日，校長先生は「たたいたり，唾を吐いたり，つねったりするのもマリエちゃんなりに意味があるのだと思います。その意味をこちらが分かれば，マリエちゃんとのやりとりがもっと深まると思います」といった内容のことを言われたそうです。また，校長先生は男の先生が側を通ると「先生，マリエちゃんが抱っこして欲しいって言ってますよ」と，女の先生が通ると「マリエちゃんが帰りますから，挨拶して下さい」と声を掛けて下さるそうです。

　校長先生は子どものいかなる行動も問題行動とは見ないで，その行動の意味を探ろうと努力されます。この様な校長先生がいる学校に通う子どもたちは幸せだと思います。

* 「就学について」，こどものへや就学の記録―1994年度―．参照

交流する② ―友達―

　マリエちゃん（7歳）は，お兄ちゃん達が通う地元の学校に通っています。普段は，特殊学級（現特別支援学級）で担任の先生と二人で楽しく過ごしています。お母さんは，折角皆と同じ学校に通っているのだから，普通学級の子どもたちとの交流をもっと増やして欲しいと願っています。

　ある日，担任の先生が休みで，マリエちゃんはお母さんと一緒に普通学級で1日過ごしました。すると，子どもたちはマリエちゃんの一挙一動に「マリエちゃん，咳をするんだ！」「絵が描けるんだ！」「スプーンで食べられるんだ！」等と次々と感嘆の声を上げたそうです。お母さんは「マリエを知らない子どもたちは，マリエを全く別の人間と思っているようです。1日一緒に居ると，帰る頃には『病気が治ったら，遊ぼうね』とか『マリエちゃん，また来てね！』等と声を掛けてくれるようになりました」と話して下さいました。

　一緒に過ごすことで，子どもたちがマリエちゃんに対する理解を深め，いろんな人が一緒にいるのが当たり前と思うようになってくれるといいなぁと思います。更に，しゃべれなくても，歩けなくても，そのことで人を差別すること無く，誰とでも対等に付き合える人に育って欲しいと思います。

自分で学級を決める①

　イヅミちゃん（6歳）は地域の小学校の普通学級に入学しました。すぐに友達もでき，毎日楽しく登校しました。授業についていくのは大変そうでしたが，それでもイヅミちゃ

んなりに沢山のことを学びました。それは，小学校入学以来，イヅミちゃんのおしゃべりの内容がとても豊かになったことからも分かりました。「こどものへや」で勉強していても，イヅミちゃんの提案で，すぐに学校ごっこが始まりました。多くの場合，イヅミちゃんが先生の役をやり，私が生徒の役でした。

　2年生に進級する時，学習の遅れを理由に特殊学級（現特別支援学級）への通級を学校側から勧められました。学校・学級の選択にあたっては，子どものことを一番良く知っている親が納得のいく決定をすることが大切だと思います。たとえ十分言葉を持たない子どもでも，身体で自分の気持ちを表すことができます。そして，イヅミちゃんは毎日楽しく普通学級に通い，多くのことを学び成長していたわけですから，この時点では特殊学級に移る理由は見当たりません。結局，お母さんはイヅミちゃんの気持ちを尊重して，これまで通り普通学級への通級を選びました。そして，幸い先生や友達にも恵まれ，イヅミちゃんは2年生の間も楽しく学校に通い続けました。

　3年生へ進級する時は，ごく自然に普通学級を選びました。しかし，3年生の2学期になって，担任の先生が産休のため，交替しました。すると，イヅミちゃんは次第に登校を嫌がり始めました。本人に理由を尋ねても，「頭が痛い」「足が痛い」と言うばかりで要領を得ません。イヅミちゃんは，学校に行く代わりに，近所のおばあちゃんの家に遊びに行くようになりました。また，すぐ近くにある「こどものへや」にも毎日のように一人でやって来て，「小竹先生！　今日，私ひまだから，付き合ってあげるよ」と言って，他の子に混じって元気に勉強したり遊んだりするようになりました。子どもが学校に行かないことを問題と考えるのは大人の一方的な考えで，本人は学校に代わる場所を見つけて生き生きとしていました。40日余り学校を休んだ後，イヅミちゃんは特殊学校に通うことを自分で選びました。お母さんも，イヅミちゃん自身が下したこの選択に納得されたようです。

　イヅミちゃんが学校に行きたがらなくなった理由はよく分かりません。担当の先生が交替するまでは普通に学校に通っていたわけですから，先生の交替によって生じた状況の変化が，イヅミちゃんにとって少なからぬ負担となったものと思われます。担任の先生の突然の交代は不運でしたが，しかし，それによって生じた危機をイヅミちゃんは自分で乗り越えました。即ち，イヅミちゃんは学校に行かないことを自分で決め，そして学校に代わる過ごし方を自分で見つけ，更に再び学校に行く道を自分で選びました。人は皆，状況の変化に対して自ら行動を起こして自分を調整しています。人が成長するということは，様々な状況において自分で自分をより良く調整できるようになることだと思います。今回の一連の出来事を通して，イヅミちゃんはまさにその様な新たな自己調整を学び得たのだと思います。そして，それは，お母さんがイヅミちゃんのその時々の気持ちを受容し，イヅミちゃんと一緒に回り道を歩かれたからこそ実現し得たことだと思います。

自分で学級を決める②

　(イ) タツヤ君（10歳）は入学以来ずっと普通学級で学んできました。入学直後は一時不安定な時期もあったようですが，担任やクラスメートにも恵まれ，それ以後は楽しく学校

に通い続けていました。それが，4年生になってから，疲れがたまる6時間目頃になると教室で机をひっくり返したりして「荒れる」日が見られるようになってきたそうです。

　学校側はご両親と話し合って，週何時間か特殊学級（現特別支援学級）への通級を勧めました。ところが，タツヤ君は，学校側が決めた時間には必ずしも特殊学級へ行かず，一方で苦手な教科などで苦しくなると自ら希望して特殊学級に行き，そこで好きなパソコンをして戻ってくるようになったそうです。日によっては行かない日もあるらしく，また行ってもすぐに戻ってくる日もあったそうです。

　この時点では，タツヤ君にとって生活の場は普通学級であり，特殊学級は一時的な休息の場所になっていたようです。疲れが溜まると特殊学級で疲れを癒し，元気を回復して普通学級に戻ってきます。丁度体調を崩した子が保健室で一時身体を休めるのと似ています。

　こうして特殊学級で息を抜くようになってから，タツヤ君は学校で「荒れる」ことが少なくなっていったそうです。このような過ごし方の工夫は，普通学級での生活を維持しようとしてタツヤ君自身が考えたものです。

　5年生になって籍は特殊学級に移りましたが，初めのうちタツヤ君は皆と一緒の普通学級で過ごしたがり，特殊学級に誘われても「行かない」と断ることがあったそうです。そんなタツヤ君にクラスメートもやさしく声をかけてくれたそうです。5年生の半ば頃になると特殊学級にも次第に慣れ，決められた時間割通り特殊学級で過ごす時間が増えてきたそうです。

　いずれにしても，学校は子どもが主人公であるべきで，どの学級で過ごすのか，それを決めるのは子ども自身だと思います。

他人を気遣う

　ヒデトシ君（10歳）は，私が「実家が地震に遭い，これから見舞いに行きます」とお父さんに話すのを聞いて，「先生のお家は大丈夫だった？」「行くんだったら，お金を沢山持っていった方がいいよ」等と心配してくれました。この言葉を聞いて，ヒデトシ君は優しい子だなぁと思いました。

　腎臓を患っているヒデトシ君は，この2日後に，人工透析を始めるために1ヶ月以上東京の病院に入院することになっています。透析を受け始めると，不自由な生活を強いられます。ヒデトシ君は，これまで海外旅行をはじめご家族でいろいろなところに出掛けました。これは，透析を受ける前にできるだけ遠出をさせてあげようとご家族の方が考えたからです。

　自分が大変な時でも他人を気遣う優しさを，ヒデトシ君は優しいご家族との生活の中で身につけたのだと思います。

支え合う

　ヒデトシ君（10歳）は，生後間もなく腎臓に重い障碍が見つかり，5ヶ月半ばまで東京の病院に入院しました。お母さんは仕事を持っていましたが，毎日片道2時間かけて面

会に通い続けました。職場の人達やご家族の支えがあったからできたそうです。当時2歳のお姉ちゃんもご家族の必死の思いが分かってか，よく耐えてくれたそうです。

　退院後のヒデトシ君の看護は想像以上に大変だったようです。昼夜を問わず20分毎におむつを取り替えないと，布団までびっしょり濡れてしまうそうです。その看護もご家族で協力して頑張ったそうです。

　ご家族の深い愛情に支えられて，ヒデトシ君は，小学校に入学する頃には，腎臓病の食事制限はありましたが，すっかり元気になりました。お母さんは「ヒデトシが生まれて，私たち家族は悲しい思いをたくさんしました。でも，それ以上に彼からたくさんの喜びをもらい，多くのことを教えられました。幸福ということがこんなに身近になることを知りました。家族の大きな愛を知りました。そして，人の痛みも少しわかるようになりました。これからも家族みんなで支え合って，一歩ずつ前進していきたいと思います」と書かれました。

　障碍を持って生まれたヒデトシ君を，ご家族が協力して看護し，育ててきました。そんなヒデトシ君が，病気や遅れの事を悲しむご家族に喜びを与え続けてきました。ヒデトシ君は数ヶ月に渡って人工透析を受けた後，最近，お母さんの腎臓を移植する手術を受けました。手術後の経過は良好だそうです。ヒデトシ君とご家族の支え合いはこれからも続きます。

遠方から通う

　「太田こどものへや」には85名*の子どもたちが通ってきています。そのうち太田市のお子さんは約半数で，他のお子さんは桐生市・館林市・熊谷市・足利市など車で約1時間の範囲にある市町村から通ってきています。中には，もっとずっと遠くから通ってくるお子さんもいます。

　アキト君（7歳）は，福島県から3ヶ月に一度位のペースで通ってきます。太田までは，東北自動車道と国道50号を使い片道約3〜4時間の道程です。ご家族皆で泊りがけで来ることが多く，「こどものへや」でひとしきり勉強した後，宿泊地へと向かいます。アキト君は，「機関車トーマス」をはじめ乗り物が大好きです。そこで，「こどものへや」での

図3　文字を見て裏の絵を言い当てる
　　　（例えば，　よ　の文字の裏にはようちえん
　　バスの絵が貼ってある）

勉強は，乗り物の絵のパズルの他に，文字と乗り物の絵との対応付け（図3参照）などから始めました。教材の材料を渡すと，ご両親は福島県に戻って教材を手作りし，アキト君の勉強を進めて下さいます。アキト君が通う地元の養護学校（現特別支援学校）の先生も，その教材を使って下さるそうです。それで，次に会った時には，アキト君の成長振りにいつも驚かされます。

* 「こどものへや」は「前橋こどものへや」と「太田こどものへや」の2つあります。85名という数は1999年7月の時点の「太田こどものへや」の会員数になります。この時の「前橋こどものへや」の会員数はおおよそ50名でした。

姉と弟

　トモミちゃん（15歳）は1日の予定を自分で決め，予定通りに事が運ばないとパニックを起こすことがあります*。トモミちゃんには小学2年生になるユウタ君という弟がいます。ユウタ君は，いつもトモミちゃんより先に身支度を済ませて学校に行きます。ある日，運動会の代休でユウタ君の学校が休みになりました。トモミちゃんは，そんなことはお構いなしに，いつもの様にユウタ君を先に登校させようとして，服や鞄やヘルメットを持って来て世話を焼きました。お母さんが台所から出てみると，ユウタ君はすっかり登校する姿になっていました。お母さんが驚いて「今日は学校が休みだってどうして言わなかったの」と尋ねると，ユウタ君は「だって，こうすればトモミちゃんが落ち着くかと思って……」と答えたそうです。

　一緒に暮らしているユウタ君は，トモミちゃんがどうすれば喜ぶか良く心得ています。だから，トモミちゃんの思いに自分を合わせることが自然とできるのだと思います。

* 「文字を書いて伝え合う」p.37. 参照

初めて親に甘える

　トモミちゃん（15歳）は，小さい頃から親に甘えることがありませんでした。それが，最近，花火が怖くてお母さんの手をしっかり掴み，膝に顔をうずめることがあったそうです。また，ご家族でディズニーランドに行った時，ミッキーマウスの大きな風船が怖くて，お父さんの手を掴み，ぴったりと身を寄せたそうです。以前ならば，いずれも，怒って自分の頬を叩いたり，「キー，キー」叫んだりするか，一人で逃げ出したりしていたところです。お母さんは「何となく親が頼りになってきたみたいです」と話して下さいました。

　また，これまでお母さんに添い寝を求めることがなかったトモミちゃんが，最近，自分の枕の隣にお母さんの枕を持ってくるようになったそうです。そして，夜中にお母さんの腕の中に大きな体を入れてきたりすることがあるそうです。お母さんは「この様にべったりと甘えるのは，15年間で初めてです」と話して下さいました。

　ご両親がトモミちゃんの思いを徹底して受け入れてきた結果，トモミちゃんは文字や言葉（音声）で自分の思いを伝えるようになりました*。更に，お母さんがトモミちゃんの思いに合わせるうちに，次第にトモミちゃんもお母さんに合わせるようになりました**。

これらのことは，トモミちゃんがご両親を心から信頼するからこそ起きた出来事だと言えます。そして，トモミちゃんが親に甘えることもまた，確かな信頼関係を支えとして起きた出来事だと思います。

* 「文字を書いて伝え合う」p. 37. 参照
**「相手に合わせる」p. 4. 参照

絵本「へびのえんそく」

　ヒロタカ君（13歳）は，幼少の頃「プラダー・ウィリー症候群」と診断されました。この病気の深刻な点の一つは，満腹感を感じられないためどんどん食べて肥満になることです。肥満になるのを防ぐためには，小さい頃から厳しい食事制限が必要となります。お母さんは大学に入り直し，そこで学んだことをヒロタカ君の子育てに生かしてこられました。その結果，ヒロタカ君は明るく伸び伸びと育つことができました。それでも，ヒロタカ君は時々食欲に負けて，店で盗み食いをしたり，家のお金を持ち出して買い食いをしたりすることがありました。周囲はヒロタカ君のした行為を叱るのですが，お母さんは叱るのではなく，その時のヒロタカ君のつらい気持ちを理解しようと努めてこられました。ヒロタカ君は，気持ちを分かってくれるお母さんには自分がした行為を認め，謝ることができるようになりました。最近では，盗み食いはしなくなり，お金を持ち出すことも減ってきています。お母さんの愛情に支えられて，ヒロタカ君は，自己調整力を少しずつ獲得してきています。

　ヒロタカ君の厳しい食事制限はこれからも続きます。幸い，ヒロタカ君は好奇心が旺盛で，食べ物以外にもいろんなことに興味を持っています。そんな趣味の一つに絵を描くことがあります。小学3年生より絵画教室に通い，水彩画・油絵・粘土作品に取り組んできました。その後機会に恵まれて，「へびのえんそく」という素敵な絵本も作りました。

家族旅行

　ヒロタカ君（15歳）は，ご家族でよく海外に旅行に出かけます。ある日，お父さんは旅行に関して次の様な話をして下さいました。「ヒロタカのおかげで，旅行はいつも楽しい旅行になります。ヒロタカが行く先々で積極的に現地の人に話しかけるので，私たちも話さざるをえなくなります。またヒロタカは，旅行先で行方不明になったり，勝手に食べ物を注文したり，いろんなトラブルを起こします。その度に現地の人達に頼んで探してもらったり，謝って回ったりしますが，その結果として沢山の人達と親しくなることができます。ヒロタカとの旅行はいつも楽しいものです。ヒロタカ抜きの旅行だったら，家族以外の誰とも話さない静かな旅行に終わっていたと思います」

　この話を聞いて，旅行先でのトラブルを前向きに受け止めるご両親の心の広さに感心しました。大らかなご両親に見守られて，ヒロタカ君は明るく，伸び伸び育っています。

ハワイ旅行

アズサちゃん（15歳）は，1週間程ご両親と一緒にハワイ旅行を楽しみました。アズサちゃんにとっては初めての海外旅行です。帰国して初めての勉強の日，アズサちゃんは旅行の写真を持ってきて，いろいろ話をしてくれました。私が「ハワイはどうだった？」と尋ねると，アズサちゃんは「ハワイの人は，皆やさしかった」と答えました。更に詳しく尋ねると「私は足が悪いのですが，皆が席を譲ってくれました」と教えてくれました。

ご両親の話では，ハワイの人達はハンディキャップのある人に対してとても親切で，いたる所でアズサちゃんに声を掛けてくれたそうです。レストラン等の店の駐車場では，「障碍者」の車のスペースが入口の最も近くに確保されているそうです。また，バス等の乗り物に乗ると，小さい子どもたちが当然の様に席を譲ってくれたそうです。

アズサちゃんが「ハワイの人は，皆やさしかった」と述べた背景には，日本の社会が障碍のある人に対して冷たいという現実があります。日本の様に子どもの時から障碍のある人とない人を分け隔てる社会では，思いやりは育ちにくいと思います。子どもの時から障碍のある人やない人，お年よりや子ども，病気の人や健康な人，様々な人が共に対等に生活するなかで，弱い人に対する接し方が自然と身に付くものと思います。

気持ちを素直に伝える

ある日，アズサちゃん（18歳）から「今度の日曜日に弁論大会で発表しますから，よかったら聞きに来て下さい」と電話をもらいました。弁論大会というのは，太田市の近接高校ユネスコ弁論大会のことで，アズサちゃんは高等養護学校（現高等特別支援学校）の代表に選ばれたそうです。

当日，アズサちゃんは自分の気持ちを堂々と発表しました。その内容は，普段は見せないアズサちゃんの本音が率直に語られていて，とても感動しました*。アズサちゃんが書いた発表原稿を原文のまま以下に紹介します。

* その後，アズサちゃんは詩で気持ちを表現するようになりました。「こどものへや」ではアズサちゃんの詩集作りを応援し，これまでに5冊の詩集を発行しました。

> ### 現場実習での出会いから
>
> 私は，小さい頃から「自信」が持てませんでした。なぜなら，手・足が不自由だったからです。でも，こんな私に「自信」を持たせてくれた人たちがいます。
>
> それは現場実習先で出会った人たちです。私たちの学校では卒業後の社会自立のために会社や福祉施設等で実習をしています。私の行った実習先は，体の不自由な子どもやお年寄りの介護をするところです。私はそこでE君という7才の男の子の介護を手伝いました。E君は一人では何もできないし，一人ではどこにも行くことができないのです。話すこともできないのです。でも私は，E君に会えてとても良かったと思います。E君は私に「生きる」ことを教えてくれたからです。
>
> 初めて会ったとき，E君は昔の私に似ていると感じました。言いたいことがうまく伝

わらないというところです。でも，E君は，私よりも障害が重いのに，一生懸命生きています。自分が体を動かしたいのに動かせない時は，私の手を握ってきます。そんな時，手を握り返してあげるととても喜んでくれました。それにいろんなことにも興味を持ちます。音楽がかかっていると，目の動きで楽しいことを伝えてきます。言葉がでない分だけ，いろいろな動きや表情で気持ちを伝えようと頑張っています。実習最後の日にやっと笑ってくれた時，本当に嬉しかったです。「私はE君の気持ちがわかる」，「この子たちのかわりに自分ができることはあるんだ」と気づきました。

　現場実習ではたくさんの人にお世話になりました。「障害者だから」と思うのではなく，当たり前に親切なのです。そこではみんながのびのびしていて，自分の気持ちを素直に伝えることができるのです。

　今，人の気持ちがわかる人たちが少なくなっているのではないでしょうか。私は「障害者」という名を誰かにつけられバカにされていると感じながら生きてきました。小さな頃から街を歩いている時に，邪魔だと思われているように感じました。

　でも，私たちの気持ちは街を歩いている若い人たちと同じです。おしゃれもしたい。恋もしたい。その人のためにきれいでいたい，と願うのは当たり前です。

　今，私には好きな人がいます。今まで私は「怖い」と思い，自分の気持ちを閉じこめる事しかできませんでした。でも，現場実習で出会った人たちが私に「自信」をもたせてくれました。私にもこれからチャンスはあると思います。これからが勝負です。だから自分の気持ち，そして自分自身をもっと大切にしていきたいです。そして，好きな人には好きと伝えられるようになりたいです。

　みなさんの中には，障害者は障害者同士で集まり，つきあったり，一緒にいるのが当たり前と思っている人もいるかもしれません。そんなことはありません。私たちも一般の人を好きにもなるし，憧れもします。いつも一緒の輪の中にいたいという気持ちがあるのです。そういう気持ちを今，皆さんに訴えたいのです。そしてそれは，障害者に対するエールです。

図4　喫茶店で実習する

ありのままを受け止める

　コウキ君（6歳）のお母さんから，コウキ君が幼稚園の時の運動会でのエピソードをもとに，心の揺れをつづった「一歩ずつ」という以下の原稿を頂きました。その中で，以前はコウキ君を皆と同じ枠にはめ込もうとしていたお母さんが，枠から解き放たれ，コウキ君をありのまま受け入れられるようになっていった経過が率直に書かれています。「おかしいのは，みんなと違うことではなく，その枠の存在自体なんだ」という，深い悩みを経た後のお母さんの言葉には重みがあります。ご家族にありのまま，あたたかく受け入れられて，コウキ君はとても明るく，のびのびと育っています。その後，コウキ君は小学校入学と同時に「こどものへや」に通うようになりました。

　コウキ君のお母さんが書かれた様に，「こどものへや」でも子どもたち一人ひとりの違いを個性として大切にして，ありのままの姿を受け入れるよう努めています。子どもたちは，どの子も光輝くものを持っています。子どもたちの中に潜んでいるその宝物に出会えることが，子どもたちとの係わりの醍醐味です。皆に追いつかせよう，枠にはめ込もうとする係わりからは，子どもたちのそんな輝きに接することはできません。コウキ君のお母さんの様に，子どものペースでゆっくり子どもの気持ちに寄り添うことが大切なのだと思います。

　　一歩ずつ

　運動会。子を持つ親ならば，誰もが楽しみにしている行事です。しかし，私の場合，数年前までは楽しいどころか，憂鬱な行事でしかありませんでした。

　私の長男は現在7歳。言葉を中心とした，発達の遅れが見られます。3歳になっても，きちんと意味のある単語が出ませんでした。また，一人遊びを好み，いつも落ち着きがなく，じっと座っていることができません。

　今思えば，自閉傾向の表れだったのでしょうが，その頃の私はそういった認識に欠けていました。幼稚園で友達ができれば，すぐに言葉も出て，態度も落ち着くに違いない。そう信じて疑わなかったのです。

　しかし，そんな私の甘い考えは無残に打ち砕かれました。

　幼稚園に通い始めても，ポロポロと単語が出るだけで，相変わらず文章になりません。当然のごとく，会話が成り立たず，息子自身も自分の気持ちが伝わらない苛立ちでかんしゃくを起こしました。そして，友達には全く興味を示さず，一人の世界に浸る日々。

　その後，すがるような気持ちで，市内の相談所の門を叩きました。そちらでアドバイスをいただいたり，幼稚園の先生方の親身な対応があったりで，年々，少しずつだけど成長して行く様子が見られるように。

　それでもやはり，運動会は憂鬱でした。集団行動が苦手な息子にとって，この1日は長く苦痛のはずです。まして，父兄や来賓などの見学者が山ほどいて，練習時とは全く違う環境。そんな状況で，息子が落ち着いて過ごせるわけがありません。息子が辛い思いをしている姿を見るのは，私も辛かったのです。

　でもそれだけが憂鬱の原因じゃないことに気づいたのは，年中の時の運動会でした。

　かけっこが始まり，みんなが一斉に飛び出す中，息子は一人泣きわめいて走っていましたが，途中でとうとう立ち止まってしまいました。ざわめく会場。先生方が傍で懸命に励まして下さいました。私はと言うと…周囲のざわめきに完全に押し潰され，ただ息を飲んで見守ることしかできませんでした。

「頑張れ，もう少しだよ」

　喉元まで出掛かっていたこの一言が，どうしても言えなかったのです。

　どうしてこの子はみんなと同じことができないのだろう？

　そんな疑問ばかりが頭の中を駆け巡ります。

　私は，みんなと同じことができない息子を恥ずかしいと思っている自分に気づきました。そして何より，我が子をそんな風に見ている自分が一番恥ずかしいのだと。

　その夜，私は息子の愛くるしい寝顔を見つめながら，昼間，自分がした行為を振り返っていました。息子にとって厳しい環境の中，精一杯頑張っていたのに，私はそれを認めてあげることができなかった…深い自己嫌悪に陥りました。

　それまでも，口では「少しずつだけど成長しているね。これでいいんだね」と言っていましたが，心の底ではやはり早くみんなと同じように成長して欲しいと言う気持ちを捨て切れずにいたのです。

　もしかしたら，知らず知らずのうちにその気持ちを息子に押し付けていたのかもしれません。

　しばらく，私の心の中で葛藤の日々が続きました。自分は母親としてこの子に何をしてあげられるのか，それが見えずにいました。

　そして時は過ぎ，息子は年長へ。担任のT先生はベテランで周囲からの評判がとても良い先生でした。そのT先生の素晴らしさを，私もすぐに実感することに。このことが，私が求めていた答えを探し出すきっかけとなりました。

　先生は人一倍，息子に目を掛けてくれました。例え反応がなくても，毎日笑顔で話しかけ，身体に触れたり，抱きしめてくれたりとスキンシップを取り続けて下さいました。もちろん，やってはいけないことをした時はきちんと叱ってくれましたが，息子の人格を否定せず，ありのまま受け止めてくれたのです。

　そうしているうちに，私達両親以外の大人と関わろうとしなかった息子が，見る見る変わって行くのがはっきり分かりました。やがて，先生の問いかけに，単語の繋ぎ合わせでも，反応するようになり，先生が手を広げると自ら胸へ飛び込んで行くようになりました。

　そうだ，息子は息子。他のみんなと同じじゃなくたっていいんだ。これが息子なんだから，そのまま受け止めてあげればいい。私はどうしてそんなに枠にはめたがっていたのだろう。

　このことに気づいてからは，他の子と比べるのをキッパリ止めました。何か一つでも

今までできなかったことができるようになると，心から喜べるように。まだ次男も手の掛かる時期でしたが，ほんの少しでも，息子との二人の時間も大切にして行きました。

そして，年長の運動会がやってきました。

かけっこの最中，やはり泣いてはいましたが，去年のように途中で立ち止まることなく，一人で走り切ることができました。私自身も

「頑張れ，あと少し！」

周りを気にすることなく，大声で応援。ゴールした瞬間は思わず目が潤んでしまいました。

「本当によく頑張ったね。偉かったよ」

笑顔で誉めてあげると，息子も嬉しそうに笑顔を返してくれました。

あれから1年。現在は楽しく小学校に通っています。ゆっくりと息子のペースで沢山のことを経験して行けたらという思いで，特殊学級に入れました。毎日の生活の中で息子が感じることを大切にして，共に歩いて行きたいと思います。一歩ずつ，ね。T先生を始め，私達親子に関わって下さった全ての方々に感謝しつつ…。

今年の運動会はとても楽しみです。

※

最後に…

最近，息子のような個性ある子どもたちが増えていると言われています。しかし，今の世の中，そういう子どもたちは社会からのはみ出し者とされる風潮が，まだまだ見られるように思います。

『みんなと同じ』でいることはそんなに大事なことでしょうか？

とは言え，私自身も以前はそんな枠にはめたがっていた一人です。私もみんなと違うことはおかしい，変だと考えていました。でも本当におかしいのは，みんなと違うことではなく，その枠の存在自体なんだと，今は実感しています。

人は一人ひとり違っていて当たり前なのですから，たくさんの可能性を秘めた個性をもっと大事にして行くべきですよね。

建物にバリアフリーが増えているように，心にもバリアフリーが必要な時代なのではないでしょうか。お互いに歩み寄って，理解を深め，協力し合って行く…そんな世の中にして行きたいですね。

障碍がある兄を語る

(タ)ユウキ君(18歳)にはシュウヘイ君という3歳年下の弟がいます。最近,お母さんから,中学3年生になったシュウヘイ君が「少年の主張」太田市大会で学校を代表して兄のユウキ君のことを発表したことを聞きました。お母さんが携帯電話で撮影した動画には，堂々と兄のことを語るシュウヘイ君が映っていました。障碍がある兄に対する弟の率直な気持ちが語られていて，胸を打つ内容でした。ユウキ君が言葉を話さなくても，兄弟はちゃん

と気持ちがつながっていることに感動を覚えました。その時の発表原稿をシュウヘイ君の許可を得て紹介させて頂きます。

楽しく理解し合う

「障害者」という言葉を聞くと，皆さんはどんなイメージをもちますか。私は，兄が障害をもっているので，つい，兄のことを思い浮かべてしまいます。兄は，小さい頃に脳性麻痺にかかり知的障害者になりました。まだ，言葉を上手く話せません。ご飯を食べたりお風呂に入ったりするのにも，誰かに手伝ってもらいます。ですが，私は，そんな兄のことが大好きです。それは，兄が私にはない不思議な力をもっているからです。兄に限らず，障害者と呼ばれる人達には，健常者にはない魅力が沢山あります。皆さんも，障害をもつ人について，もっと知りたいと思いませんか。

そう言う私も，小学校に入る前には，兄の障害について多くを知りませんでした。兄以外の障害をもつ人たちと交流するようになると，「障害はよくないことだろうか。少なくとも，よいことではないな」と感じるようになりました。不安な思いが自分の中にできてから，私は兄に対してイライラすることが増えました。

どうして一生懸命に作ったおもちゃを壊すのだろう。私のおかずを食べても，なぜ兄は怒られないのだろう。今思えば些細なことです。「普通のお兄ちゃんだったらこんなことしないのにな」。そう思ったこともありました。しかし，冷静に振り返れば，私が反省すべきでした。食事中，テレビに夢中で箸が止まっていたこと。全てを兄のせいにしていた自分が恥ずかしくなりました。今はもう，兄に対してそのような感情を抱くことはありません。

兄は感情をストレートに表します。例えば，ペットボトルやお菓子をもってきて，「のどが渇いた」「お菓子を食べたい」と伝えます。手助けをするのは造作もないことです。ですが，私がしたことに対して兄は全力でありがとうを返してくれます。楽しいときは，手を叩いてぴょんぴょん跳ねます。嬉しいときは，とびきりの笑顔になります。兄が喜んでいると，家族も明るくなります。

しかし，悲しいこともあります。兄のように障害をもつ人を，差別する人が世の中にはいるのです。彼らのことをよく知らないのに，偏見だけで冷たい言葉を吐く。ネットの書き込みを見たときは，衝撃が走りました。「うるさい」「邪魔なんだけど」「キモイ」。直接言うわけではないですが，それが彼らの意志表示です。兄も他の障害をもつ人々も，なりたくてなったわけではありません。彼らのことをよく理解していれば，そんなこと，言えるはずがないと思います。父は「障害者だから無理だとか，そんなことはない」と私に言ってくれました。私たちの勝手な決めつけによって生まれる差別は，私たちに，なくす義務があると思います。

そこで私は，皆さんにお願いがあります。それは，障害をもつ人と，一緒にボランティアに参加することです。一度，彼らと共に過ごしてみてください。一人ひとりが，私たちと同じように個性があり，得意なことや苦手なことがあります。彼らは全力で楽し

むことができ，感情豊かで私たちを明るい気持ちにさせてくれます。なにより，彼らは皆さんが来てくれることを喜んでくれるはずです。私も，初めは障害者の力になれるか不安でした。しかし，彼らの頑張る姿を見ていると自然とそんな気持ちがなくなりました。ボランティアが終わる頃には，皆で笑って，またここに来たいと思いました。

　最後にもう一度，皆さんは障害者と聞いてどんなイメージをもちますか。私は，最高の友達だと思っています。

共に育つ

　ユウタ君（10歳）のお父さんは，ユウタ君の気持ちをとても大切にされています。ユウタ君が好きな歌をご家族で楽しみ，ユウタ君が興味を示した機械を好きにいじらせています。また，ご家族で楽しみながら文字や数を教えています。

　ユウタ君は，他の子が容易に獲得していった事を，つまずいたり，滞ったりしながらゆっくり獲得していきます。しかし，ユウタ君のお父さんは，他の子の歩みと比較したりせず，ユウタ君自身の歩みを大切にされてきました。そして，お父さんは「ユウタのおかげで，これまで見えなかったいろんなことがよく見えるようになり，考え方がすっかり変わった」と嬉しそうに話して下さいました。ユウタ君の成長からお父さんが教えられ，共に育つ関係がここにはあります。この様な関係の中で，ユウタ君は個性を伸ばし，明るくのびのびと育っています。

　現代のような競争社会にあって，他の子と比較せず，子どもの気持ちやペースを大切にすることは並大抵のことではありません。しかし，ユウタ君がこの世にたった一人しかいないのと同様に，どの子もこの世にたった一人しかいないかけがえのない存在です。ですから，他の子と比較して焦ったりせず，一人ひとりの子どもの伸びようとする気持ちを大切にして，子どものペースに合わせてその手助けをしたいと思います。その様な係わりの中でこそ，ユウタ君のお父さんの様に，子どもの成長を心から喜び，共に育つことができるのだと思います。

　ある時，お父さんは「ユウタがいるおかげで，我家は幸せだ」「ユウタは天使じゃないかと思うことがある」等と言われたことがあります。そのお父さんがユウタ君のことを次の様に書いて下さいました。

うちのユウタ

　まず，主人公のユウタ君を紹介します。現在，彼は小学4年生で，特殊学級（現特別支援学級）に通っています。又，「こどものへや」にも小学1年生の時から元気に通っています。最近の彼はよくしゃべるし，人の言うことも大方理解できるし，電話の相手もまあまあ何とかやっているし，歌もうたうし，大変成長してきていると思います。ここ1年間でも，随分成長したなあとうれしく思っています。彼が1才半の時，医者からダウン症であることを告げられ，家内と共に目の前が真っ暗になったことを思い出しますが，今，我家はそんなこととは関係なく，毎日楽しく生活しています。

　最近あったバリカン事件というのを紹介してみます。ある時，家内がバリカンを入手しました。今まではハサミで大変うまくやっていたのですが，初めてバリカンで挑戦したところ，うまくいかず，歯が入り込みすぎてトラ刈りとなってしまいました。所々白くなっていて失敗です。この時家内曰く「バリカンをとにかく使ってみたかった」とのことで，この言葉に私とお姉ちゃんは「それはひどい」と大笑いしてしまいました。そこで，次に私がトラ刈りの白い部分をマジック塗りすることを提案しましたが，反対されてしまいました。反対されましたが塗ってみたところ，良いできでした。「お父さん，これなら判らない，上できよ」と家内が言ったので，再び大笑いとなりました。ところでユウタはどうしたかといいますと，自分には見えない後頭部の話なので，何だかよく判らないでいましたが，さすがに最後の方では判ったらしく「やめてくれよー」を連発しました。この事件を機に，ユウタも成長し，母といえどもだまされなくなって，家内が「床屋」と言うと，「嫌だよ」と言って逃げ回っています。最近気がついたことですが，鏡の前に立って，櫛で髪の毛をとかして，案外かっこうをつけています。これではトラ刈りなどをしては，怒られるのは当然です。我家はこんな感じです。楽天家の家内，結構心配性の私，小５のしっかりもののお姉ちゃん，それとユウタの四人で毎日ワイワイ，ガヤガヤやっています。

　次にユウタ君のことを，もう少し説明します。彼の性格は明るく，ひょうきん者であり，皆さんから可愛がられています。歌が好きで，最近では私がよく見ている番組の「遠くへ行きたい」の主題歌を口ずさんで，とうとう歌えるようになり，周りの人を驚かせています。最近いろいろな歌を覚えてきて歌うので，私も驚くことが多いです。

　ユウタ君の特徴は，何といっても機械いじりというか機械さわりだと思います。車に乗ればあちこちいじりまわします。機械に非常に興味を示すので，何でもやらせることにしています。例えば，ゲームボーイの「スーパーマリオ」などは家内も私も全くできない所をやっているし，最近ねだられて買ってきた「ちびまる子」は説明書も読まないで，いつの間にか動かしています。ビデオも好きで，年中借りてきてはガチャガチャ操作しています。これも教えた訳ではないのに，随分小さい頃からやっています。又，最近では学校のパソコン「学ぶくん」が気に入ったようで，先生の話では黒板ではだめだが，パソコンでは夢中でやっているとのことです。将来のことが不安ですが，何か趣味の延長で仕事ができればなあと思っています。

　振り返ってみると，ユウタは遊びながらの学習が良いようです。文字は車の中から看板で，随分と覚えました。これも「ゲーム形式」です。「ユウタはひらがな，お姉ちゃんはカタカナ，お母さんは漢字，お父さんは英語」と決め，看板の文字を読み取るのです。車のスピードは速く，初めの頃は読み取れなかったのが，徐々に覚え，最近では漢字も結構読めるようになりました。最初に覚えたのは「とりせん」の「と」で，これは今でも忘れられません。同じようなことで，カラオケではマイクを一人占めして，下の文字を読みながら，どうにか何とか，くっついて読みながら歌っています。他に好きなのがジグソーパズルやトランプ，カルタなどで，カルタは読み手が好きです。「はっきり言

わないとわからない」と注文をつけると，丁寧に読みます。又，寝る前には，必ず「ちびまる子」などのマンガを読むのが日課です。初めのうちはお姉ちゃんの真似をしてポーズだけでしたが，いつの間にか読めるようになり一人で笑っています。「お前，わかるのかい？」と聞くと，「わかるよ」と元気な返事が返ってきます。ユウタはこうして少しずつ成長していますが，お姉ちゃんの存在が大きく影響していると思います。お姉ちゃんとの対話やいろいろなことに刺激があり，それに刺激され行動したり，読んだり，考えたりしている面も多いです。ゲームボーイの操作は難しく，到底できないと私はみていましたが，お姉ちゃんのやり方を見て，できるようになってしまいました。それから，彼自身の努力も相当あるものと思います。諦めないで結構続けることができるので，この点が良いのではと思っています。以前小竹先生にも話したことがありますが，ユウタ君が何才の頃だったでしょうか，やっと「10」までの数を数えることができたのです。毎日毎日お風呂でやるのですが，「7」でどういうわけかつっかえてしまうのです。ある時難無くこれがクリヤーできたのですが，あの感激は今でも忘れることができません。その後，今度は「100」に挑戦し，これができた時も，人に言えない達成感を感じました。「万歳！　やった！」という感じです。彼はこういうことも嫌がらず，自分から言い出して毎日やります。この長所を大いに伸ばしていきたいと思っています。歩みは遅いけれど，いろいろなことが何とかできるようになってきています。

　先生方の指導を受けながら，慌てずに楽しくユウタのペースでやっていこうと思っています。

親離れ

　ユウタ君（12歳）は最近大人の自覚を持ち始めたようです。お母さんは「雨の日や帰りが遅い時に学校まで迎えに行くことがありますが，最近，ユウタは私が迎えに行くのを嫌がります。ある時，帰りが遅いのを心配して私が学校まで迎えに行くと，ユウタは一人，校庭で遊んでいました。ユウタは私の姿を見つけると，怒って私に帰るように言いました」と話して下さいました。また，「これまで見ていた朝の幼児番組を，『6年生だから見ない』と言って見なくなりました。でも，誰も居ないと，こっそり見ているようです」と笑いながら話して下さいました。

　イヅミちゃん（15歳）のお母さんも「最近，イヅミは一人で電車通学を始めました。私が『車で送って行くよ』と言っても，断ります」と話して下さいました。それから数日後，たまたま駅でイヅミちゃんに出会いました。聞くところによれば，電車に乗って床屋に行くのだそうです。イヅミちゃんは一人で切符を買い，電車の乗り降りもすっかり慣れた様子でした。時刻表の見方やホームの選択等で少し迷うことがありましたが，立ち止まって考え，すぐに自分で解決しました。

　ユウタ君もイヅミちゃんも，自分の気持ちを良く理解してくるお母さんが大好きです。二人とも，困った時には親がいつでも助けてくれるという安心感があるから，一人で外の世界へ踏み出していくことができるのだと思います。子どもは，親との信頼関係を支えに

して，少しずつ自分の世界を広げていきます。子どもが自分で考え，行動しようとしている時には，子どもを信じて温かく見守ってあげたいと思います。

一人旅の冒険

　ある連休明けの朝，「こどものへや」に来てみると玄関の戸が少し開いていて，部屋にはトーキングカードの教材が散らばっていました。連休中に誰か遊びに来たのかなと思いましたが，このことはそれっきり忘れていました。

　その週の土曜日，ヒロユキ君（11歳）がお母さんに連れられて嬉しそうに飛び込んできました。お母さんは開口一番，次の様な話をして下さいました。「連休中，ヒロ君が行方不明になりました。いつもは一人で出かけても1時間もすれば戻ってくるのに，その日は2時間過ぎても戻ってきませんでした。あちこち近所を探しても，ヒロ君の姿はありませんでした。そうこうするうちに，太田市の親戚から『ヒロ君に似た子が家の前の道路を通り過ぎていった』と電話がありました。『こどものへや』の方向なので『もしや』と思い，車で駆け付けてみると，丁度『こどものへや』から出てきたヒロ君に出会いました。いつもは桐生市から車で通っている山越えの道を，3時間位かけて歩いて来たようです」。

　ヒロユキ君は土曜日の午後，隔週で「こどものへや」に通ってきています。土曜日の朝，お母さんが「今日は小竹先生の所に行くよ」と言うと，嬉しくて早々と車に乗り込んで3時間でも4時間でも車の中で待っているそうです。ところが，行方不明になる前の土曜日，お母さんに用事ができて「こどものへや」はお休みになりました。それで，ヒロユキ君は黙って一人で行く決心をしたようです。

　ヒロユキ君はまだ多くの言葉を話せません。今回の出来事で，ヒロユキ君が内に秘めて持っている力の大きさに驚かされました。しかし，黙って一人で来たのでは，お母さんは心配でたまりません。このことがあって以来，お母さんはどんなに忙しくても通所を休まないようにされています。その結果，ヒロユキ君が一人で来ることはなくなりました。

　人は，あいまいな目標に向かってはなかなか踏み出せないものです。一人で山を越えて行こうとヒロユキ君に決意させたものは，山の向こうに「こどものへや」があるという確信だったように思います。ヒロユキ君の心の中に「こどものへや」がしっかりと根付いていることを嬉しく思います。

図5　大好きなトーキングカードを聞く

自分で会費を支払う

　ヒデキ君（21歳）は，高等養護学校（現高等特別支援学校）を卒業後，市内のプラスチック関連の会社に就職しました。お母さんの話では，初めてもらった給料は，すぐにパチンコに行って全部使ってしまったそうです。それに懲りて，次回からは郵便局に貯金するようになったそうです。会社は楽しいらしく，これまで皆勤だそうです。

　本人の意志で，就職後も土曜日を利用して月1回「こどものへや」に通い続けています。「こどものへや」には電車を乗り換えて一人で通ってきます。また，休日には，一人で電車に乗って遠出することもあるようです。時刻表の見方やお金の支払い方は良く知っています。

　ある日，勉強が終わった後で，ヒデキ君は会費の入った袋を私によこしながら「『こどものへや』，月2回（が）いいよ」，「月2回，いくら？」と言い出しました。私が金額を言うと，ヒデキ君は「大丈夫，郵便局（に）お金ある」と言いました。私は，ヒデキ君が自分の意志のみならず自分が働いたお金で「こどものへや」に通っていることを，この時初めて知りました。そして，ヒデキ君が差し出す会費袋を丁重に頂くとともに，教える側の責任の重みを改めてずっしりと感じました。

一人で電車旅行をする

　ヒデキ君（21歳）は，休日になると一人で電車に乗って遠出を楽しみます。お母さんの話では，ヒデキ君は養護学校（現特別支援学校）の中学部の時から一人で自転車に乗って街に出掛けていたそうです。高等養護学校（現高等特別支援学校）に入って電車通学を始めてから電車に乗って遠出をするようになりました。初めの頃，お母さんは心配でたまらず，無事帰宅したヒデキ君に対して「一体，どこまで行ってきたの！」とたしなめることもあったようです。しかし，大したトラブルも無くヒデキ君の一人旅が続くにつれて，お母さんも安心するようになりました。就職してからも，ヒデキ君は土曜日に一人で電車に乗って「こどものへや」に通ってきています。そして，日曜日には丸一日電車旅行を楽しんでいます。お母さんが「どこに行ってきたの？」と尋ねても，ヒデキ君は絶対に教えてくれません。それでも，「宇都宮でヒデキ君を見た」とか「浅草でヒデキ君を見た」とか言う知人がいるので，結構遠くまで行っていることは間違いないようです。

　ヒデキ君は，日ごろから地図や時刻表や旅行の本を見るのが好きで，地理や電車の時間や運賃などを詳しく知っています。そこで，「こどものへや」では時刻表や運賃表を使って時間の計算やお金の計算をしています。ある日，ヒデキ君は珍しくお母さんと一緒に車で「こどものへや」にやってきました。いつものように勉強をした後で，ヒデキ君に「昨日は祝日だったけど，電車に乗ってどこかへ行った？」と尋ねてみました。ヒデキ君はお母さんの顔を見て少しためらったようでしたが，すぐに私の質問に素直に答えてくれました。例えば，小竹「佐野から次にどこに行ったの？」ヒデキ「館林」，小竹「何時の電車に乗ったの？」ヒデキ「10時56分」，小竹「館林で何したの？」ヒデキ「館林うどん食べた」……。この様なやりとりを続けて明らかになった一日の足跡は，以下の通りでした。お母

さんも初めて詳しく知ったヒデキ君の休日の過ごし方です。

　旅の内容を話してもお母さんに叱られないことが分かり，しかも「今度，館林うどん一緒に食べに行こうね」などと言われて，ヒデキ君も気分が良かったようです。

　　1995.9.15（金）
　細谷───伊勢崎───太田───館林───佐野───館林───西小泉───太田───
　7:51 発　8:15 着　8:47 着　9:39 着　10:20 着　11:12 着　12:38 着　14:08 着
　　　　　　8:20 発　9:13 発　9:55 発　10:56 発　12:20 発　13:50 発　14:21 発

　赤城───足利───細谷
　14:52 着　16:43 着　19:09 着
　15:56 発　18:50 発

　「セブンイレブン　本　見た」（佐野）　　「サンエブリ　本　見た」（館林）
　「館林うどん　食べた」（館林）　　　　　「セブンイレブン　まんが本　見た」（西小泉）
　「本　見た」（赤城）　　　　　　　　　　「キンカ堂　本　見て，ゲーム　やった」（足利）

成人になる①

　ある日，ジュンイチ君*（20歳）の成人を祝う宴に招待されました。係わり当初小学生だったジュンイチ君がりっぱに成人した姿を見るのは嬉しいものでした。ここまでりっぱに育て上げられたお父さんとお母さんの喜びもひとしおだと思いました。そのお父さんが挨拶の中で，「ジュンは皆さんに大きくしてもらったようなものです」と述べられました。私などジュンイチ君の成長に大した手助けもしていませんが，この宴に出席して，ジュンイチ君が沢山の人に助けられて成人を迎えたことを知りました。

　自立とは，何でも一人でできるようになることではありません。ジュンイチ君に限らず，人は皆，多くの人に助けられながら生活しています。できることは自分でして，できないことは人に助けてもらうことは自然なことです。困った時に助けてくれる人の輪が大きいほど自立度が大きいと言えるのではないでしょうか。

　宴の終りに，ジュンイチ君は「男の背中」を歌って御礼の気持ちを表しました。

*「共に生きる」p. 138. 参照

成人になる②

　ジュンイチ君（20歳）の成人を祝う宴でのことです。私が会場に着くと，ジュンイチ君が寄って来て「『こどものへや』の先生ではなく，塾の先生ということにしてほしい」と頼みました。一瞬何のことか分かりませんでしたが，親戚の方等多くの人が招かれているのを見てすぐに了解しました。

　「こどものへや」の仕事に誇りを持っている者として，ジュンイチ君の頼みを聞いて少し寂しい気がしました。そのことを人に話したところ，「それは，ジュンイチ君が使い分けできるようになったのだから，すごいことだ」と言われました。

　ジュンイチ君は，高等養護学校（現高等特別支援学校）を卒業すると同時に自動車の免許を取得しました。そして，市内の自動車関連の会社に就職し，夜勤も人並みにこなしています。しかし，お父さんは「高等養護学校出身ということで，実際より低く評価されている」と不満を言われたことがあります。ジュンイチ君自身，社会に出てその様な差別を体験したのでしょうか？　後日，私の家に遊びに来たジュンイチ君に思い切ってその事を尋ねてみました。すると，ジュンイチ君は，特殊学級（現特別支援学級）に在籍していた中学校と高等養護学校の時，世間の目が気になったことが何度かあった，と話してくれました。

　ジュンイチ君は「こどものへや」が好きで，夜勤明け等にちょくちょく車で遊びにきます。それでも，親戚の前では「こどものへや」のことを隠した方が良いと判断したようです。確かに，ジュンイチ君は見事に使い分けているわけですが，私にはどうしてもジュンイチ君に分かってもらいたいことがあります。それは，特殊学級や高等養護学校に通う人に問題があるのではなく，そこに通う人を差別する社会にこそ問題があるということです。

共に生きる

　ジュンイチ君（21歳）のお父さんの話に拠れば，ジュンイチ君が小学校に入学する時，ご両親は養護学校（現特別支援学校）を選択されたそうです。しかし，その頃，養護学校では勉強らしいことは何も教えてくれなかったそうです。ある日，ジュンイチ君は，知っているいくつかの文字を書いてみせて，「勉強したい」と泣きながら親に訴えたそうです。それで，ご両親は「こどものへや」に通所することを決めたそうです。その後，ジュンイチ君自身の希望もあり，学校は養護学校から地域の小学校の特殊学級（現特別支援学級）に変わりました。「こどものへや」では，中野先生やナツエ先生ときめの細かい学習を重ねました。その後，私とのお付き合いが9年間続きました。この間，ジュンイチ君の学習は，足し算や引き算から掛け算や割り算へと進み，更に図形や分数や小数等へと進みました。ジュンイチ君の興味に合わせて，時刻表の見方やワープロの使い方等の学習もしました。ジュンイチ君の学習が進展するのに伴って，私もまた掛け算や割り算，図形や分数や小数等の意味と教え方を学習してきました。ジュンイチ君の学習に私の学習が追い付かず，拙い教材しか準備できなかったこともありました。それでも，いつも楽しそうに学習してくれるジュンイチ君に，私の方が励まされて9年間のお付き合いを続けてこられたように思います。

　高等養護学校（現高等特別支援学校）の卒業を前にして，自動車の運転免許の取得を目指して，自動車教習所に通い始めました。毎日のように教習所に通うだけでなく，試験問題集を買って家でも頑張って勉強し，半年近くかけて見事合格しました。

　仕事に就いて忙しくなったジュンイチ君は，「こどものへや」の勉強をずっと休んでいます。それでも，「こどものへや」のバザーや引っ越し等の時には，お父さんと一緒に必ず駆け付けて手伝ってくれます。お父さんの話では，就職した後，「自分はこっちの人間（「健常者」）で，あいつら（「障碍者」）とは違うんだ」と言って，これまでの仲間と距離

をおこうとした時期があったそうです。それが，最近は，「あいつら（「障碍者」）は自分の仲間だから，あいつらの為に動くんだ」と意識が変わってきたそうです。そして，仕事の無い仲間の為に市役所に行って交渉したり，高等養護学校の校長に受験生をできるだけ落とさないよう頼みに行ったりしているそうです。

　ジュンイチ君は「障碍者」という言葉を使いません。この言葉に潜む差別性を直観的に感じているからだと思います。ジュンイチ君にとっては，「健常者」も「障碍者」も皆同じ仲間なのだと思います。

　そんなジュンイチ君が，ある集まりで300人近い父母を前にして，自分の思いを発表する機会がありました。その時，ジュンイチ君は自分の思いを次の様に語りました。

　皆さん，こんにちは。私はH（株）に勤めています。H（株）は，車の部品を作っています。二交替で仕事をしています。最近，ちょっときついです。でも，今までで一番辛かったことは，私が中学生になってのことです。遠足の時，太田駅で周りの人に変な目で見られました。人数の少ない特殊学級というクラスで他の人に変な目で見られたり，「あのクラスはおかしい」とかさんざん言われたりして，悔しい気持ちでいっぱいでした。高等養護学校へ入学しても，親戚や友人に「どこの高校に行ってるの」と言われて答えるに答えられないのが一番辛かった事です。高校を卒業して，私は太田市から商工会の商工会頭賞を貰いました。市から貰えて一番嬉しい思い出ができました。また，4月に会社へ入社したと同時に運転免許証を取ることができました。4回目に学科試験が受かった時は，本当に嬉しかったです。両親も喜んでくれて，車を買ってもらいました。

　今年は，私の成人式で皆に「おめでとう」と言われました。いろいろな人に「君はもう大人としてがんばれよ」と言われました。それを聞いて，私は学校の時より何倍もがんばろうと思いました。9月に私が稼いだ貯金で新しい車を買うことができました。10月に新車が来ました。次の日の朝，私は夜勤帰りでした。上司たちが集まって来て，私の車を見たり，車の性能を聞いてきたりして大変でした。次の日，親と私で新しい車で隣の県までドライブに行きました。そして，今日，太田市社会教育総合センターまで自分の車で来ました。皆様の前で話すことができて本当にありがとうございました。

　私の将来の夢は，お嫁さんをもらって子どもと一緒に楽しい家庭を作ることを目標にしたいと思っています*。ありがとうございました。

図6　愛車を運転する

* その後ジュンイチ君は中学校・高校で後輩だった女性と結婚し，楽しい家族を作るという夢を実現させました。

「こどものへや」のおばあちゃん

　「太田こどものへや」では古い家屋を無償で借りていた時期が長くありました。同じ敷地内に，大家さんのおばあちゃんが住んでいました。その当時90歳を越えていましたが，とてもお元気な方で，庭の植木を自分で移植されたりしていました。見かねた私が「手伝いましょうか？」と声を掛けると，「先生，腰を痛めるからいいですよ」と逆に気遣って下さいました。

　おばあちゃんは子どもが好きでした。子どもたちもそんなおばあちゃんが大好きで，上がり込んでお菓子をごちそうになる子もいました。ある時，好奇心が旺盛なトモキ君（当時6歳）が，「こどものへや」に着くなり隣のおばあちゃんの家にまっしぐらに走って行き，縁側から勝手に上がり込むことがありました。トモキ君は，おばあちゃんの家の中を一回り探索した後，お風呂場の湯船に栓をして水とお湯を勢いよく出して，素っ裸になって朝風呂をきめこみました。この日トモキ君は一風呂浴びてから「こどものへや」に来て，機嫌良く勉強して帰りました。トモキ君が帰った後で，私が恐縮しておばあちゃんの家に顔を出すと，おばあちゃんは笑顔で迎えて下さって，「まだ小さいのに，一人でお風呂にお湯をためられるなんて，すごいですね！」と感心されました。

　子どもに障碍があると，人はついその子のできないところに注目しがちです。ところが，おばあちゃんはいつも子どもの良い面を見て下さいました。子どもたちがおばあちゃんを好きになる理由はここにあります。

〈付　録〉

心を育てる

出会い

　私が初めてミユキさん[注1]に出会ったのは，仙台市にある重い障碍を持った子どもたちが通う無認可の「なのはな共同保育園」（現在の「仙台市なのはなホーム」）でした。当時，ミユキさんは4歳10ヶ月で，色白で大きな目をしたかわいい女の子でした。

　出会った時の様子は，1日の多くの時間を仰向けでぼんやり過ごしていましたが，たまにお気に入りのガラガラやでんでん太鼓を振ったりすることがありました。ミユキさんは，メビウス症候群という珍しい疾患があることが後に分かりました。ミユキさんは顔面にマヒがあり笑うことができませんが，これはこの疾患の主要な特徴の一つです。また，両足に内反足という奇形があり，3歳までに足の手術を何度か受け，入退院を繰り返しました。本来なら，母親の胸に抱かれて人に対する信頼を育てるこの時期に，ミユキさんは過酷な生活を強いられました。その影響もあってか，ミユキさんは人や物を恐れ，体を触られたり，大きな音や声がしたりすると，そっくり返って顔を真っ赤にして泣きました。更に，重い知的障碍があり，発語は全くありませんでした。この様に，当時のミユキさんは，周囲との関係を閉ざして，ささやかな安定を保っていました。

その人なりのコトバ

　当時学生だった私は，ミユキさんとの関係作りを目指して，毎日の様に「なのはな共同保育園」やミユキさんのお宅を訪問しました。しかし，ミユキさんはなかなか心を開いてくれませんでした。

　その様な時，梅津八三先生[注2]の考えは，子どもの見方や係わり方を大きく変えてくれました。即ち，ミユキさんの振舞いをじっと見ることから係わりを始めたところ，ミユキさんの思いが少しずつ見えてきました。

　例えば，次の様な出来事がありました。ある日，バギーにミユキさんを乗せて散歩をしていた時，ミユキさんが道端の花に一瞬目を向けました。私がその花を摘んで渡してあげると，ミユキさんはしばらくそれを手に持ってまじまじと見ました（図1参照）。ミユキさんが花を持ってまじまじと見るのは，この時が初めてでした。これ以後，ミユキさんは散歩に出ると，はっきりと草花に目を留めるようになり，更に手を伸ばすようになりました。

　他の場面でも，ミユキさんが目を向けた物を取ってあげたり，ミユキさんを抱き上げてその物の近くに連れて行ったりしました。すると，ミユキさんは，次第にはっきりと欲しい物に目を留めたり，「ウー」と声を出して手を伸ばしたりして伝えるようになりました。

　この様にして，ミユキさんの気持ちを受け止める中で，ミユキさんは人に対する信頼を少しずつ育て，その信頼を支えにして自分の気持ちを次第にはっきりと伝えるようになりました。思いを受け取る人がいることが伝えようという意欲を生み，伝えようという意欲がその人なりのコトバを生み出すのだと思います。

図1　目を向けた草花を渡すと，まじまじと見る（5歳頃）

矯正靴

　ミユキさんは，両足に内反足の奇形があり，両足の変形予防や矯正の目的で矯正靴を履くことになりました。矯正靴はかなりきつく，時には足の色が変色することもありました。ミユキさんは，この矯正靴が嫌いでした。言葉で「いや」と言えないミユキさんは，矯正靴を履かせられると，大声を上げて泣きました。泣いても，しばらくは矯正靴を装着したままでいる日が続きました。すると，4ヶ月経った頃から，矯正靴を履かせられると，最初は泣いていたのが，途中から眠るようになりました。その1ヶ月後には，矯正靴を見せただけで，すぐに眠るようになりました。

　大声で泣いても動揺を解消できなかったミユキさんは，眠ることで周囲との関係を一旦断ち切り，ささやかな安定を確保したのだと思います。「角を矯めて牛を殺す」ということわざがあります。足を矯正しようとすることが，周囲との関係を閉じなければならない程，ミユキさんの心を追い詰めたようです。その後，お母さんの決断でこの矯正靴の装着は中止されました[注3]。

別離と再会

　ミユキさんとは約2年間係わった後，私は就職のため仙台市を離れることになりました。幸い，当時後輩の学生だった菅井さん[注4]や芳野さん[注5]たちが引き継ぎ，ミユキさんの気持ちに寄り添って丁寧な係わりを続けてくれました。その後，手紙や電話でお母さんからミユキさんの様子を伺うことは時々ありましたが，10年程経った頃に一度短い再会を果たした他は，ミユキさんのお宅を訪問する機会がなかなかありませんでした。

　それから，また10数年経った頃に，芳野さんと一緒にミユキさんのお宅を訪問してゆっ

くり係わる機会がようやくやってきました。その時，ミユキさんはもう30歳近くになっていました。

新しいコトバ

　私たちがミユキさんの家に着いた時，ミユキさんは床に座ってお母さんとおやつを食べていました。久し振りの再会なので，私たちは少し離れてお母さんとミユキさんの係わりを見せてもらいました。お母さんが小さく千切って差し出したケーキを，ミユキさんは手でつかんで食べていました。間もなく，ミユキさんは，お母さんの手を取って，私たちの方に持ってきました（図2参照）。どうやら，私たちが飲んでいたお茶を飲みたくなったようです。お母さんはすぐにそれを受け止めて，お茶を飲ませました。

　続けて，ミユキさんは，お母さんの手を取って棚の方に引きました。そこには先ほどのおやつが残っていて，お母さんはクッキーを割って小片を食べさせました。ミユキさんは大きい固まりにも手を伸ばしましたが，お母さんに「これは無理」と言われて小片で我慢しました。その後しばらく，ミユキさんの気持ちをお母さんが受け止めて，お菓子を食べさせたり，お茶を飲ませたりしました。お母さんがミユキさんのコトバを丁寧に受け取ろうとするから，ミユキさんも一生懸命伝えようとするのだと思いました。

　それでも，おやつの途中でミユキさんがお母さんの腕をつねることが二,三回ありました（図3参照）。何が不満だったのかはっきりとは分かりませんでしたが，大きな固まりを食べられなかったからかな，と思いました。いずれにせよ，小さい頃は嫌な事があるとそっくり返って泣くしかなかったミユキさんが，泣かずにつねるという行動で「嫌だ」という気持ちを伝える姿に成長を感じました。お母さんも，初めてミユキさんにつねられた時はとても嬉しかったそうです。

　この様に，久し振りに会ったミユキさんは，欲しい物があるとその方向に手を伸ばしたり，人の手を引いたりして，また，不満があるとつねったりして，気持ちをはっきり伝えていました。これらはミユキさんのりっぱなコトバであり，ご両親をはじめ周囲がミユキさんの気持ちを受け止め続けた結果生まれたのだと思います。

図2　お母さんの手を引く

図3　お母さんをつねる

ミユキさんの世界を共有する

　おやつを食べた後、ミユキさんはお母さんの手を取って窓の方に伸ばしました。そこには、お気に入りの電池で動く犬のおもちゃがありました。お母さんがスイッチを入れて渡すと、犬は「わんわんわんわん」と鳴きながら手足を動かしました。ミユキさんは寝ころんで、その犬を耳に当てては離し、また耳に当てては離すという行為を繰り返しました。

　先程から仲良くなるきっかけを探していた私は、同じ様な犬がもう一つあったので、そのスイッチを入れて、ミユキさんと同じ様にやってみました。即ち、ミユキさんが犬を耳に当てたら私も犬を耳に当て、耳から離したら私も離す、といった具合にミユキさんの真似をしてみました（図4参照）。そうすると、ミユキさんは私の方を見て、私が持っている犬に手を伸ばしてきたり、自分が持っている犬を差し出してきたりしました。また、ミユキさんが私の動きを真似て、犬を耳に当てたり、耳から離したりすることもありました。

　ミユキさんがしている事を同じ様にやってみたことで、ミユキさんは私たちを仲間として受け入れ、その世界を一緒に楽しむことを許してくれたのだと思います。

図4　私がミユキさんの真似をする

人の顔をじっと見る

　一年後、再び芳野さんとミユキさんのお宅を訪問すると、ミユキさんは床に寝転んでゴリラのおもちゃを鳴らして遊んでいました。お気に入りのおもちゃは、犬からゴリラに変わっていました。

　ミユキさんは私たちを警戒することもなく、すぐにゴリラの人形を差し出してきました。私が側に寄って、同じ様にゴリラの人形で遊びました。その直後に、ミユキさんが私の顔をじっと見ました（図5参照）。また、手を伸ばしてきて、甘える様に私の手に触れることもありました。これまでミユキさんにじっと見つめられたことは記憶になかったので、お母さんに「小さい頃は、人の顔をじっと見ることはなかったですよね？　いつからですか？」と尋ねました。

　すると、お母さんに代わって、芳野さんが「13歳の時からです」と教えてくれました。芳野さんの話では、その頃、ミユキさんがお母さんの顔をじっと見るようになり、そのうち顔に触れて「飲みたい」とか「歌を歌って」とか要求するようになったそうです。その事が嬉しくて、お母さんが芳野さんに電話で報告してきたそうです。

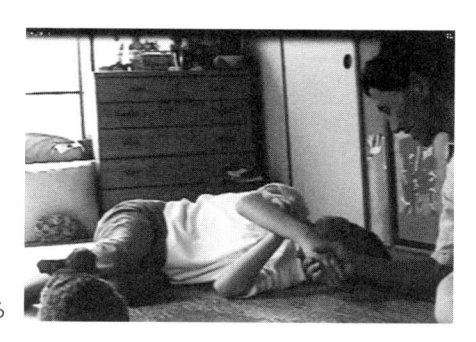

図5　手を握って私の顔をじっと見る

お母さんの話

　お母さんは，ミユキさんとの関係が大きく変わったきっかけを話して下さいました。以下に，要約して紹介します。

> お母さん「子どもが小さい時は，医者に言われて訓練ばかりしてきた。13歳の時に『足の手術はしません』と断ったら，肩の力が抜け気持ちが軽くなり，全体を見られるようになってきた。すると，ミユキが私を見るようになり，私もミユキが見ているのが分かるようになった。ミユキが楽になった分，私も楽になった。余裕が出てきたように思う。……子どもが小さい頃の親は，訓練が大事だと思い，皆余裕がなかった。足ばかり見て育ててきた。……」

　親にとって専門家の言葉は重みがあります。その結果，子どもの気持ちを見失って訓練に走るということが起き易くなります。しかし，その子のことを一番良く分かっているのは，いつも側にいて苦楽を共にしている家族，とりわけお母さんです。そういう意味で，その子にとって一番の専門家はお母さんだと言えます。

　ミユキさんのお母さんは，ミユキさんが小さい頃，専門家の言葉とミユキさんの気持ちとのはざまで迷いながらの子育てだったと語って下さいました。

　次第にミユキさんが周囲の人に心を開き始めていったこともあり，ご両親は以前の様に人嫌いに戻ることを懸念し，ミユキさんの気持ちを第一に考えて手術を断りました。歩く可能性を断念することはご両親にとって辛い決断だったと思いますが，それと引き換えにミユキさんとの一層深い絆を手に入れることが出来ました（図6参照）。

図6　お父さんにセロテープをはがして
　　　もらう（19歳頃）

　障碍があると，障碍の克服が優先され，ありのままを受け入れることを難しくします。しかし，誰でも，ありのままの自分を受け入れてもらえることは嬉しいことです。それは，自分に対する自信や，人に対する信頼を育てます。ミユキさんも，「歩けなくてもいいんだよ。今のままでいいんだよ」と言ってもらえた気がして，嬉しかったのだと思います。

食事風景

　ミユキさんのお母さんは，私たちが訪問するといつも手料理でもてなして下さいます。

　食事場面で，ミユキさんは食べたい物を見たり，「ウー」と言ってスプーンを差し出したりして気持ちを伝え，お母さんがそれを受け取って食べさせてあげていました（図7参照）。お椀を近付けてあげると，自分ですくって食べることもありました。

　ミユキさんの好物は，お刺身とアルコールだそうです。お父さんの話では，ミユキさんはビールが好きで，お父さんがビールを飲んでいると欲しがり，お父さんの晩酌に付き合うこともあるそうです。「ミユキは飲みっぷりがいい。ぐいぐいと飲む」とお父さんは嬉しそうに教えて下さいました。

　この日，家族団らんの楽しい夕食のひと時をご一緒させて頂きました。

図7　スプーンに食べ物をのせてもらう

おわりに

　ミユキさんは，今でもしゃべれないし，歩くこともできません。しかし，自分の手を伸ばしたり，人の手を引いたり，時にはつねったりして，気持ちをはっきりと伝えるようになりました。

　お母さんの話では，現在日中通っている施設で，男性職員に「恋」をしたり，仲間と"さをり織り"に挑戦したり（図8参照）と，大人になったミユキさんの心はもっと広く外に向かって開かれているそうです[注6]。

　小さい時は人を恐れ周囲との関係を閉ざしていたミユキさんが，成長するにつれて人を信頼し気持ちを伝え，人と繋がり[注7]安定した生活を送るようになりました。今では，ミユキさんの心は周囲の人としっかり繋がっています。ご両親は，ミユキさんの気持ちを受け止め，心を育てたのだと思います。

図8　"さをり織り"

注1)　幼少期のミユキさんとの係わりについては，本書の中で既に紹介しました。本稿では，幼少期から成人までの成長が分かるように，幼少期の係わりも再録しました。

注2)　梅津八三先生の考えを表した文献としてここでは以下の文献を挙げておきます。

①梅津八三（1974）「重度・重複障害者の教育のあり方」特殊教育, 4号, pp.2-5.

②梅津八三（1976）「心理学的行動図」重複障害教育研究所紀要, 第1巻　第1号.

③梅津八三（1977）「各種障害事例における自成信号系活動の促進と構成信号系活動の形成に関する研究」教育心理学年報, 第17集, P101-104.

④梅津八三（1967）「言語行動の系譜」東京大学公開講座9『言語』東京大学出版会, P49-82.

注3)　かつて「なのはな共同保育園」で主任保育士をされていた松野安子先生は，矯正靴によってミユキさんが受けた心の傷について，次の文献で省察されています。

松野安子（2011）『仙台市なのはなホーム卒園文集』

注4)　菅井さんは，10代のミユキさんと信頼関係を深めていった経過を，次の文献で紹介しています。

菅井裕行（2004）「障害のある子どもたちとの係わり合いから学んだこと」障害児教育学研究, 第9巻第1号, P23-42.

注5)　芳野さんは，10代のミユキさんが人への信頼を育て，外界に対する活動を広げていった経過を，次の文献で紹介しています。

芳野正昭（1991）「活発な探索活動を示さず交信行動の初期状態にあった一女児における自成信号系活動の促進と構成信号系活動の形成―"柔らかな接触と声掛け"による呼応の役割について―」東北大学大学院教育学研究科博士後期課程課題論文

注6)　ミユキさんが日中通う施設での最近の様子については，支援員の折居さんが次の文献で報告しています。

折居美奈子（2009）「仲間と一緒に仕事がしたい！－重度重複障害をもつMさんと向き合って～願いと葛藤－」全国障害者問題研究会全国大会発表資料.

注7)　人が人に付く意味，付き方等については，中野尚彦先生の以下の文献から多くの示唆を頂きました。

①中野尚彦（2006）『障碍児心理学ものがたり　小さな秩序系の記録　Ⅰ』明石書店.

②中野尚彦（2009）『障碍児心理学ものがたり　小さな秩序系の記録　Ⅱ』明石書店.

〈注記〉本稿は，以下の原稿を一部書き改め転載したものです。

小竹利夫（2018）「心を育てる」障害児教育学研究, 第18巻第1・2号, pp.29-34.

〈教 材〉

■自作教材 1

玉ころがし 01	玉ころがし 02	玉ころがし 03	玉ころがし 04	玉ころがし 05
玉ころがし 06	玉ころがし 07	スイッチ＋サイレン 01	スイッチ＋ベル 02	スイッチ＋ライト 03
スイッチ＋ライト 04	スイッチ＋音声 05	スイッチ＋音声 06	スイッチ＋人形 07	スイッチ＋人形 08
箱 01	箱 02	箱 03	箱 04	箱 05
玉入れ 01	玉入れ 02	玉入れ 03	玉入れ 04	玉入れ 05
棒さし 01	棒さし 02	棒さし 03	棒さし 04	棒さし 05
棒さし 06	棒さし 07	棒さし 08	棒さし 09	リングさし 01

■自作教材 2

リングさし 02　　リングさし 03　　リングさし 04　　はめ板 01　　はめ板 02

はめ板 03　　はめ板 04　　はめ板 05　　はめ板 06　　はめ板 07

はめ板 08　　はめ板 09　　はめ板 10　　はめ板 11　　はめ板 12

はめ板 13　　はめ板 14　　はめ板 15　　絵あわせ 01　　絵あわせ 02

絵構成 01　　絵構成 02　　絵構成 03　　絵構成 04　　絵構成 05

絵構成 06　　絵構成 07　　文字あわせ 01　　文字あわせ 02　　文字あわせ 03

文字あわせ 04　　文字あわせ 05　　文字との対応付け 01　　文字との対応付け 02　　文字との対応付け 03

■自作教材3

文字との対応付け 04	文字との対応付け 05	文字との対応付け 06	文字との対応付け 07	単語構成 01
単語構成 02	単語構成 03	単語構成 04	単語構成 05	文構成 01
文構成 02	文構成 03	文構成 04	文構成 05	文構成 06
文構成 07	数 01	数 02	数 03	数 04
数 05	計算盤 01	計算盤 02	計算盤 03	計算盤 04
計算盤 05	計算盤 06	かけ算	分数	線書き
発語 01	発語 02	立体構成 01	立体構成 02	その他 01

おわりに

　この本の初校の校正を終えて間もない頃，1年近く闘病していたナナエさんが亡くなったという知らせを受け取りました。ナナエさんとの出会いは私の学生時代にさかのぼります。ナナエさんをはじめ当時出会った重い障碍のある子どもたちが，その後の多くの子どもたちとの教育的係わり合いの原点になっています。数年前にナナエさんのお宅を訪問して，久しぶりに再会を果たしました。その時ナナエさんは経管栄養をしていて，チューブを通して青汁を摂っていました。お母さんは「ナナエの青汁は家族の中で一番高級です」と笑って教えて下さいました。この日ナナエさんはたくさん笑顔を見せてくれました。ご家族の愛情がナナエさんの笑顔の源であり，またナナエさんの笑顔がご家族の喜びだと感じました。ナナエさんが亡くなってお母さんから届いたお手紙には，「ナナエとナナエを囲む人たちとの触れ合いはとても楽しいものでした。いろいろ苦しい日々もあったけれど，それら全てがかすんでゆき，思い出されるのは，ナナエと一緒に笑っている人たちの姿です」と書かれていました。温かな時間を分けて頂いたことに対して，ナナエさんとご家族に感謝の気持ちでいっぱいです。

笑顔のナナエさん

　同じように，未熟な私を今日まで支えてきてくれた子どもたち一人ひとりに心より感謝したいと思います。行き詰っては子どもに聞き，落ち込んでは子どもから元気をもらい，子どもたちと共に学び合う道程だったからこそ楽しく歩んでこられたのだと思います。

　本書は，これまでに「障害児教育学研究」や「研究紀要　学習の記録」などに発表した原稿が基になっています。その時に写真や原稿を掲載することを保護者の方にお願いしたところ，皆様快諾して下さいました。子どもたちと心を通わせる機会を頂きましたことに，あらためて御礼申し上げます。

　私と「こどものへや」とを結びつけてくれた中野先生をはじめ，一緒に子どもの成長を応援してきた同僚の先生方からは，子どもとの係わり方や教材の作り方などについて多くの示唆を頂きました。先生方に支えられて楽しく仕事を続けてこられたことに，感謝申し上げます。

　そして，この本を作るにあたり，古い原稿をパソコンで新たに打ち直す作業から一貫して手伝って下さった佐藤由依さん，校正作業を手伝って下さった中村郁野さんには，その丁寧な仕事ぶりに大変助けられました。ここに感謝致します。

　最後に，川島書店の松田博明氏は，本書を出版するにあたって背中を押して下さった上に，原稿が仕上がるまで温かく見守り続けて下さいました。厚く御礼申し上げます。

　本書に登場した子どもたちの多くは今では大人になり，それぞれの人生を堂々と歩んでいます。いつの日か，りっぱに成長した姿も紹介できればと思っています。

　　2019 年 9 月 1 日

小竹　利夫

子ども索引

156

こどものへやの室内風景
（棚には手作り教材が所狭しと並んでいる）

著者略歴

小竹　利夫（こたけ・としお）

東北大学大学院教育学研究科博士課程前期修了（教育学修士）。群馬県にある母子通所施設「あらまきこどものへや」（現前橋こどものへや）や「太田こどものへや」において主に障碍や学習に困難がある子どもたちの育ちを応援する。2007年まで「太田こどものへや」代表。1993年より群馬大学教育学部非常勤講師。佐野日本大学短期大学教授などを経て，現在，高崎健康福祉大学人間発達学部子ども教育学科教授。子どもや保護者の心に寄り添い共に学び合う関係を大切にしたいと考えている。臨床発達心理士。

主著　『子どもや障碍がある人の心の世界』（川島書店）
編著　『障害のある子どもの保育・教育』（建帛社）
住所　〒373-0004　群馬県太田市強戸町554-8
E-mail　h-kotake@nifty.com

〈こどものへや連絡先〉
前橋こどものへや
〒371-0034　群馬県前橋市昭和町3-7-27　明和学園短期大学内
　　　　　　南館1階
☎ 027-220-7369（群馬大学教育学部中村研究室直通）

太田こどものへや
〒370-0344　群馬県太田市新田早川町71
☎ 0276-56-1051
E-mail otakodomonoheya@gmail.com

障碍のある子どもとの教育的係わり合い

2019年10月10日　第1刷発行

著　者　小　竹　利　夫
発行者　中　村　裕　二
発行所　㈲ 川　島　書　店

〒165-0026
東京都中野区新井2-16-7
電話 03-3388-5065
（営業・編集）電話 048-286-9001
FAX 048-287-6070

© 2019
Printed in Japan　　DTP・風草工房／印刷 製本・(株)シナノ

実習エピソードでつづる 子どもや障碍がある人の心の世界

小竹利夫 著

本書は，学生たちの書いた実習エピソードに対するコメントという形で，子どもや障碍者の心の世界を浮き彫りにする実習エピソード集で，各エピソードから純粋な感性，内面を洞察する力を感じとることができ，当事者との係わりを考える時の道標となろう。　★ B5・172 頁 **本体 2,200 円**

ISBN 978-4-7610-0913-7

育児日記が語る 赤ちゃん心理学 Ⅰ

田子亜木子・中野尚彦 著

子育ては謎解きの連続でした。それを書き留めてきただけの育児日記ですが，子どもについてのたくさんの発見を記録しておく場になりました。…本書は，娘の「育児日記」と，心理学者の父による日記の読み解きとからなる，親子コラボレーション。　★四六・168 頁 **本体 1,900 円**

ISBN 978-4-7610-0905-2

ミュージック・ケア

宮本啓子 著

ミュージック・ケアは，音楽療法の一つとして近年，めざましい発展をみせているが，本書は，師の加賀谷哲郎の教えを受け継ぎ，長年にわたって福祉の現場で実践をかさね，大きな成果をあげてきた著者が，その基本と実際を体系的に紹介する，初めての基本書。　★ B5・172 頁 **本体 2,500 円**

ISBN 978-4-7610-0886-4

詩のあしおと─学級通信の片隅から

堀 徹造 著

日刊の学級通信を，新任の頃から 30 年にわたって続けてきた著者は，毎号通信の片隅に，詩を掲載してきました。取り上げてきた 1700 を超える膨大な詩人の作品の中から，選りすぐりをまとめたのが本書で，読むと自分も詩をつくってみたくなります。（書評より）　★四六・146 頁 **本体 1,600 円**

ISBN 978-4-7610-0909-0

重障児の現象学

中田基昭 編著　W.ドレーアー/B.フォルネフェルト 共著

日本とドイツの研究者が共同して，現象学的方法にもとづいて丹念にとり組んだ障害児教育研究の成果。展開される内容は重障児に限られたことではなく，どんな人間関係にあってもあてはまることで，他者の実存を認めることの重要性がメッセージとして示される。★ A5・258 頁 **本体 3,200 円**

ISBN 978-4-7610-0760-7

川 島 書 店

http://kawashima-pb.kazekusa.co.jp/ （価格は税別 2018 年 12 月現在）